DR. OETKER

Wirksame Rezepte *zum* Abnehmen

DR. OETKER

Wirksame Rezepte *zum* Abnehmen

SCHLAN

SCHLANK SEIN UND SCHLANK BLEIBEN

Ein Wunsch, der alle Altersklassen bewegt. Es gibt viele Wege, dieses erstrebenswerte Ziel zu erreichen. Und wer hat es nicht schon mit mehr oder weniger Erfolg versucht – Diäten, fasten, spezielle Kuren, um nur wenige Methoden zu nennen. Meistens entbehrungsreich und wenig dauerhaft.

Es ist eben schwierig, geliebte Gewohnheiten aufzugeben. Und dabei ist der Wunsch nach einer optimalen Figur nicht nur ein Schönheitsideal, sondern auch ein gesundheitlicher Aspekt, denn durch Übergewicht hervorgerufene Herz-, Kreislauf- und Stoffwechselstörungen sind häufig die Ursache für schwerwiegende Erkrankungen im Alter.

Wir müssen also lernen, bewußter zu essen und zu genießen.

Fett ist ohne Frage einer der besten Geschmacksträger, aber auch einer der Hauptgründe für Übergewicht. Deshalb ist es empfehlenswert, eine fettreduzierte Ernährung anzustreben. Mit Gewürzen, Kräutern, Joghurt o.ä. können Sie überall dort geschmacklich ergänzen und optimieren, wo Sie Sahne, Butter und Zucker einsparen. Deshalb sollte die Devise sein, schlank und lecker kochen für die **ganze Familie.** Das erspart dem Abnahmewilligen ein Außenseiter-Dasein und hält alle gesund und fit.

In diesem Buch wurden für Sie Rezepte rund um den Tag zusammengestellt und mit vielen Tips, Empfehlungen und Informationen zum bewußteren Essen ergänzt.

Werfen Sie falsche Eßgewohnheiten über Bord, essen und genießen Sie bewußter. Das ist der sicherste Weg zu einem dauerhaften Erfolg.

WIE SIE ABNEHMEN UND IHR GEWICHT HALTEN

DER ERSTE SCHRITT…

Machen Sie sich bewußt, was Sie bisher über den Tag verteilt gegessen und getrunken haben. Schreiben Sie es auf. Sie werden staunen.

DER ZWEITE SCHRITT…

Genießen Sie bewußt. Gewöhnen Sie sich an drei Tagesmahlzeiten. So ernähren Sie sich nach den neuesten Erkenntnissen optimal. *Siehe dazu Ratgeber Seite 12.*

DER DRITTE SCHRITT...

Je nach Kalorienbedarf stellen Sie die Mahlzeiten für sich und Ihre Familie aus den nachfolgenden Kapiteln zusammen. Berücksichtigen Sie dabei, daß Sie ***abnehmen*** *und nicht* ***hungern*** *wollen.*

Als Beispiel: Wenn Sie bisher über den Tag verteilt etwa 2.500 Kalorien zu sich genommen haben, reduzieren Sie um 800 bis 1.000 Kalorien.
Regel: Niemals weniger als 1.000 Kalorien verzehren, das führt zu Mangelerscheinungen. Beispiele für mögliche Tages-Zusammenstellungen finden Sie am Schluß des Buches.

DER VIERTE SCHRITT...

Das erreichte Wunschgewicht zu halten heißt, nicht wieder alte Eßgewohnheiten aufzunehmen, sondern sich weiterhin bewußt zu ernähren und den Rhythmus von drei Mahlzeiten einzuhalten.
Auch dafür finden Sie in diesem Buch Rezeptvorschläge.

Viel Spaß beim vergnüglichen Abnehmen!

ABNEHMEN BEGINNT IM KOPF

Essen ist ein wichtiger Bestandteil unseres Lebens und unserer Kultur. Wir genießen und lassen es uns schmecken.

Doch eines Tages fühlen wir uns nicht mehr wohl in unserer Haut, und wir stellen fest, daß die Waage einige Pfündchen mehr anzeigt als im letzten Sommer. Jetzt wird es Zeit, die überflüssigen Pölsterchen anzugehen – aber wie?

Gar zu gern orientieren wir uns an den vielfältigen Diät-Programmen, die ein schnelles Abnehmen versprechen, erfahrungsgemäß aber keinen dauerhaften Erfolg gewährleisten, denn sobald wir in die alten Eßgewohnheiten zurückfallen, haben uns auch die Pfunde wieder eingeholt. Wie aber gehen wir erfolgreich vor? Am besten mit Verstand, denn abnehmen beginnt nicht im Magen, sondern fängt im Kopf an.

WAS DÜRFEN WIR WIEGEN?

Auf einen einfachen Nenner gebracht:
Unser Normalgewicht errechnet sich aus der Körpergröße in Zentimetern minus 100 für Männer – für Frauen minus 100, minus 10%.

BEISPIEL: *Ein Mann mit der Größe von 160cm* — 160 – 100 = 60 kG

Eine Frau mit der Größe von 160cm — 160 – 100 = 60 – 10% = 54 kG

WELCHEN ENERGIEBEDARF HABEN SIE?

TÄGLICHER ENERGIEBEDARF	*in kcal* weiblich	*in kcal* männlich	*in kJ* weiblich	*in kJ* männlich
Jugendliche 15–19 Jahre	**2.400**	**3.000**	**10.400**	**12.500**
Erwachsene 19–25 Jahre bei leichter Tätigkeit	**2.200**	**2.600**	**9.200**	**10.800**
Erwachsene 19–25 Jahre bei schwererer Tätigkeit	**2.800**	**3.500**	**11.700**	**14.630**
Erwachsene 25–50 Jahre bei leichter Tätigkeit	**2.000**	**2.400**	**8.400**	**10.050**
Erwachsene 25–50 Jahre bei schwererer Tätigkeit	**2.600**	**3.300**	**10.900**	**13.800**
Erwachsene 50–65 Jahre bei leichter Tätigkeit	**1.800**	**2.200**	**7.550**	**9.200**
Erwachsene 50–65 Jahre bei schwererer Tätigkeit	**2.200**	**2.700**	**9.200**	**11.300**
Erwachsene über 65 Jahre	**1.700**	**1.900**	**7.100**	**7.950**

Der Energiebedarf für Schwerstarbeiter pro Tag kann sich nochmals um weitere 600–700 kcal/ 2.500–2.900 kJ erhöhen.

Der Energiebedarf eines jeden Menschen richtet sich nach seinem Grundumsatz und seinem Arbeitsumsatz. Beide zusammen ergeben den Tages-Energiebedarf.
Der Grundumsatz ist die Energiemenge, die der Körper in Ruhestellung, z.B. auch während des Schlafens braucht.
Der Arbeitsumsatz ist die zusätzliche Energie, die der Körper für jede Tätigkeit benötigt.

SCHLANK UND FIT DURCH EINE VERNÜNFTIGE ERNÄHRUNG

Bewußt genießen bedeutet vor allem, sich nicht wahllos zu ernähren. Man muß sich darüber im klaren sein, daß wir für einen intakten Organismus auf das richtige Verhältnis der Nährstoffe – Eiweiß, Fette, Kohlenhydrate – angewiesen sind. Denn nicht alles, was gut schmeckt und/oder wenig Kalorien hat, muß auch für den Körper gesund sein.

Ein Beispiel für die optimale Nährstoff-Zusammenstellung des Tages-Bedarfs zeigt die folgende ***Nahrungs-Pyramide:***

Die Pyramidenspitze (ca. ***20%****) dient zum Abrunden und zum Verfeinern der Speisen. Hierin enthalten sind alle Pflanzenöle, Koch- und Bratfette, Butter, Sahne und Nüsse.*

Der mittlere Bereich (ca. ***30%****) ist zum Genießen. Hierzu gehören Fleisch, Fisch, Milchprodukte und Eier.*

*Der Basisbereich (****50–55%****) ist zum Sattessen. In diesen Bereich gehören Hülsenfrüchte, Kartoffeln, Nudeln, Reis, Gemüse und Obst.*

WICHTIG: 3 STATT 5 MAHLZEITEN

Nach neuesten Erkenntnissen sollten über den Tag verteilt drei Mahlzeiten mit einem Abstand von 4–6 Stunden eingenommen werden.
Warum? *Der Körper braucht zum Verarbeiten bzw. Abbau der aufgenommenen Nahrungsmittel (Nährstoffe) ca. 4–6 Stunden. Frühestens 2 Stunden nach der Nahrungsaufnahme beginnt der Körper Fett zu verbrennen.*

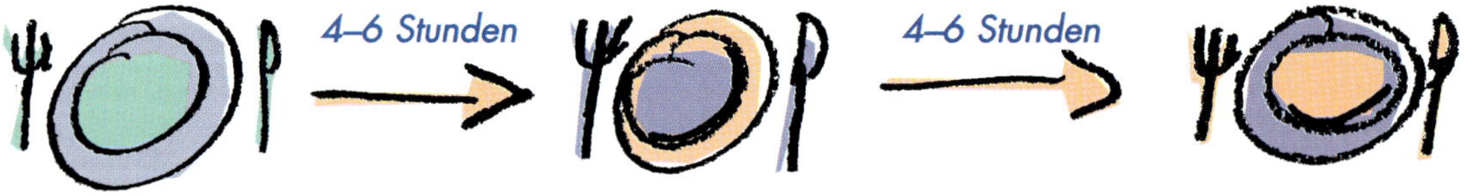

Jede *eingenommene Zwischenmahlzeit – selbst ein Apfel oder ein Glas Fruchtsaft – unterbricht diesen Prozeß. Das heißt, das im Abbau begriffene Fett wird vom Körper gespeichert, da vorrangig Fruchtzucker und Fruchtsäure aus der eingenommenen Zwischenmahlzeit abgebaut werden.*
Fazit: *Eine Zwischenmahlzeit verhindert nicht nur den Abbau des Fettes aus der eingenommenen Mahlzeit, auch vorhandene Fettpölsterchen bleiben erhalten.*
Weniger als drei Mahlzeiten pro Tag führen zwar in der Regel zu der erwarteten Fettverbrennung, aber auch zu einem kontinuierlichen Verlust an Körperzellmasse.

Weshalb? *Für den Stoffwechsel benötigt der Körper eine bestimmte Menge an Kohlenhydraten. Werden mit der Nahrung zu wenig Kohlenhydrate aufgenommen, wandelt der Körper das körpereigene Eiweiß in Kohlenhydrate um. Das bedeutet einen Verlust an Körperzellmasse und eine Reduzierung des Grundumsatzes.*
Ein geringerer Grundumsatz bedeutet auch einen geringeren Energiebedarf. Und sobald der Körper wieder mehr Nahrung aufnimmt, erhöht sich auch wieder das Körpergewicht. Sie kennen diesen Effekt aus vielen erfolglosen Diäten.

Für ein langfristiges Halten des Körpergewichtes ist eine stabile Körperzellmasse von entscheidender Bedeutung.

WELCHE FUNKTIONEN HABEN DIE LEBENSWICHTIGEN NÄHRSTOFFE FÜR UNSEREN KÖRPER?

EIWEIß IST NICHT GLEICH EIWEIß

Man unterscheidet tierisches und pflanzliches Eiweiß. Beide miteinander kombiniert, gehören zu einer vollwertigen Kost. Tierisches Eiweiß ist in Milchprodukten, Fisch, Fleisch und Eiern enthalten. Pflanzliches Eiweiß in Getreideprodukten, Hülsenfrüchten und Kartoffeln. Eiweiß dient dem Körper als Baustoff für die Körperzellen, Enzyme und Hormone. Es muß täglich in ausreichender Menge zugeführt werden.

WIE WICHTIG IST FETT FÜR DIE ERNÄHRUNG?

Fett ist für den Körper der größte Energie-Lieferant. Es hat mehr als doppelt so viel Kalorien wie Kohlenhydrate und Eiweiß. Wer abnehmen will, darf trotzdem nicht ganz auf Fett verzichten, denn Fett ist der Träger lebensnotwendiger fettlöslicher Vitamine und Fettsäuren.

TIP

Gehen Sie mit Fett sparsam um, bevorzugen Sie Pflanzenöle. Achten Sie auf versteckte Fette in Wurst-und Milchprodukten. Die Gesamt-Fettzufuhr sollte 60–70g pro Tag nicht überschreiten.

GUTE UND SCHLECHTE KOHLENHYDRATE

Kohlenhydrate sind die hauptsächlichen Energielieferanten der Zellen. Deshalb sollten die Kohlenhydrate den größten Anteil einer Mahlzeit ausmachen. Die Kohlenhydrate werden in zwei Gruppen eingeteilt: Die wertvollen Kohlenhydrate wie Getreide, Vollkornbrot, frische Früchte, Gemüse, Kartoffeln und Hülsenfrüchte liefern dem Körper außer Energie auch Vitamine, Mineral- und Ballaststoffe. Sie werden langsamer abgebaut und sorgen für ein langanhaltendes Sättigungsgefühl.
Die schlechten Kohlenhydrate liefern nur Energie und werden schnell abgebaut, so daß sich schon nach kurzer Zeit wieder ein Hungergefühl einstellt.
Zu den schlechten Kohlenhydraten zählen alle zuckerhaltigen Getränke, Schokolade, Konfitüre, Weißbrot und Süßspeisen mit hohem Zuckeranteil.

WAS BEWIRKEN BALLASTSTOFFE?

Als Ballaststoffe bezeichnet man die unverdaulichen Bestandteile von pflanzlichen Lebensmitteln, die besonders in Hülsenfrüchten, rohem Obst, Gemüse und Vollkornprodukten enthalten sind. Sie spielen in unserer Ernährung eine wichtige Rolle, da sie die Darmtätigkeit aktivieren und den Anstieg des Blutzuckers verlangsamen und die Sättigung fördern.

KEIN LEBEN OHNE VITAMINE UND MINERALSTOFFE

Mineralstoffe und Vitamine sind Ergänzungsstoffe, ohne die der menschliche Stoffwechsel nicht funktionieren würde. Weil sie der menschliche Körper nicht selbst produzieren kann, müssen sie ihm mit der Nahrung zugeführt werden. Bei einer guten Mischkost werden Sie mit allen Vitaminen und Mineralstoffen ausreichend versorgt.

TRINKEN SIE MIT VERSTAND

Der menschliche Körper verliert etwa 2,5 l Flüssigkeit pro Tag über Schweiß, Atemluft und Harn. Das heißt, diese Flüssigkeit muß in der gleichen Menge ersetzt werden. Einen Teil der Flüssigkeit liefert die feste Nahrung. Und weitere 1,5 – 2 l sollten Sie täglich trinken.

Löschen Sie Ihren Durst mit

- *Wasser, Mineralwasser*
- *ungesüßten Früchtetees*
- *in Maßen auch mit ungesüßtem schwarzen Tee oder*
- *Kaffee.*

Meiden Sie

- *zuckerreiche Getränke wie Limonaden,*
- *Cola*
- *Fruchtsaftgetränke.*

Obst- und Gemüsesäfte sollten am besten frisch gepreßt zu den einzelnen Mahlzeiten getrunken werden. Als Durstlöscher zwischendurch sind sie nicht zu empfehlen, da der darin enthaltene Fruchtzucker und die Fruchtsäure den kontinuierlichen Fettabbau zwischen den Mahlzeiten unterbricht, s. Ratgeber S. 12.

Genießen Sie bewußt und in ***kleinen Mengen und nur zu besonderen Anlässen ALKOHOL, da er ein großer Kalorienträger und Appetitanreger ist.***

TIPS UND TRICKS ZUM SCHLANKWERDEN

- *Gehen Sie immer nur gut gesättigt zum Einkaufen. Das hilft Ihnen, einen Bogen um die verführerische Tafel Schokolade zu machen.*

- *Schreiben Sie noch zu Hause eine Einkaufsliste und treffen Sie nicht erst im Geschäft eine Entscheidung darüber, was Sie kaufen wollen, sonst werden Sie schnell ein Opfer der Verkaufspsychologie.*

- *Lassen Sie beim Fleischer das überflüssige Fett gleich wegschneiden, und bestehen Sie beim Kauf auf magerem Fleisch.*

- *Essen Sie dreimal am Tag und halten Sie eine Pause von vier bis sechs Stunden zwischen den Mahlzeiten ein. KEINE ZWISCHENMAHLZEITEN!*

- *Ernähren Sie sich abwechslungsreich und achten Sie auf die Angebote der Saison.*

- *Verfeinern und optimieren Sie fettreduzierte Speisen reichlich mit Kräutern und Gewürzen. Orientalische Gewürze geben den Gerichten eine besonders interessante Note.*

- *So können Sie einen Bärenhunger austricksen: Vor dem Essen einen Apfel oder Rohkost essen oder 1–2 Glas Wasser trinken.*

• Essen Sie so langsam es geht. So werden Sie jeden Bissen umso mehr genießen.

• Naschen Sie nicht unkontrolliert Pralinen, Schokolade, Nüsse oder Chips. Am besten, Sie kaufen diese Kalorienbomben erst gar nicht.

• Kontrollieren Sie regelmäßig, und zwar ohne Kleidung, Ihr Gewicht. Und damit kein Abnehm-Streß entsteht, am besten nur einmal in der Woche auf die Waage steigen.

SPORT HÄLT FIT

Sportliche Betätigungen – vor allem an frischer Luft – steigern das Wohlbefinden und unterstützen die Gewichtsabnahme. Geeignete Sportarten sind:

- *Laufen*
- *Schwimmen*
- *Bergangehen*
- *Radfahren*
- *Gymnastik*
- *Skilanglauf*

und zwar regelmäßig mehrfach in der Woche. Das fördert den Fettabbau, strafft die Haut, baut die Muskulatur auf und verleiht Ihnen eine optimistische Ausstrahlung.

Ungeeignet und wenig gesundheitsfördernd sind alle Kraftsportarten und Sportarten mit Wettkampfcharakter.

FRÜHSTÜCKS

FRÜHSTÜCKSIDEEN, DIE FIT MACHEN

Die erste Mahlzeit – das Frühstück– sollte genauso wie die anderen beiden Mahlzeiten in Ruhe genossen werden. Stellen Sie sich aus den nachfolgenden Rezepten Ihr Frühstück nach Ihrem Kalorienbedarf zusammen.

Beachten Sie auch schon bei dieser ersten Mahlzeit den Fettverbrauch. Tauschen Sie z. B. Butter oder Margarine gegen einen Brotaufstrich aus Landrahm, frischem Rahm oder einfach gegen Magerquark aus, und ergänzen Sie diesen Belag mit einer Konfitüre. Als weiteren Brotbelag sollten Sie magere Sorten gekochten Schinken, Lachsschinken, Rindersaftschinken, Aspik- und Geflügelaufschnitt sowie 30%igen Käse, Kräuterquark oder Hüttenkäse bevorzugen.

Genießen Sie dazu reichlich Früchtetees, schwarzen Tee oder Kaffee, ungesüßt, und nach Belieben einen frisch gepreßten Obst- oder Gemüsesaft.

FRÜHSTÜCKSIDEEN

ITALIENISCHE TOMATEN

(6 Stück – Foto S. 21)

6 kleine Tomaten (je 45 g)
Salz
frisch gemahlener Pfeffer
150 g Mozzarella
2 EL grob gehackte Basilikumblättchen
2 EL Mozzarella-Molke
2 EL (24 ml) kalt gepreßtes Olivenöl
2 EL (30 ml) Balsam-Essig
Basilikumblättchen

Pro Portion: E: 5 g, F: 9 g, Kh: 2 g, kJ: 482, kcal: 115

Die Tomaten waschen, abtrocknen, jeweils den Deckel abschneiden und das Tomateninnere aushöhlen. Die Tomaten innen mit Salz und Pfeffer bestreuen.
Für die Füllung den Mozzarella in kleine Würfel schneiden und mit den Basilikumblättchen vermengen.
Für die Marinade die Mozzarella-Molke mit dem Olivenöl, dem Balsam-Essig verrühren, mit Salz und Pfeffer würzen.
Die Marinade über die Füllung gießen, etwa 1 Stunde ziehen lassen. Die Füllung in die Tomaten füllen und mit Basilikumblättchen garnieren.

KÄSEBRÖTCHEN MIT JOGHURT

(1 Portion – Foto S. 18/19)

1 Vollkornbrötchen (45 g)
1 Salatblatt
1 Scheibe Schnittkäse (30 g, 30 % Fett)
1 Becher Mager-Joghurt (150 g, 1,5 % Fett)
100 g Erdbeeren

Pro Portion: E: 18 g, F: 8 g, Kh: 32 g, kJ: 1229, kcal: 295

Das Brötchen halbieren, mit dem gewaschenen, abgetropften Salatblatt und dem Käse belegen.
Den Mager-Joghurt mit den geputzten, kleingeschnittenen Erdbeeren mischen, zu dem Brötchen essen.

RÜHREI MIT FLOCKEN

(4 Portionen)

4 Eier (Gew.Kl. 4)
4 EL Milch (1,5 % Fett)
Salz
30 g (4 EL) Instant Haferflocken
10 g (1 gestr. EL) Butter
4 Scheiben Vollkorn- oder Graubrot (je etwa 50 g)
1 EL feingeschnittener Schnittlauch
100 g Lachsschinken (ohne Fettrand)

Pro Portion: E: 12 g, F: 10 g, Kh: 26 g, kJ: 1220, kcal: 292

Die Eier mit der Milch, Salz und den Haferflocken verschlagen.
Die Butter in einer Pfanne zerlassen, die Eiermasse hineingeben. Sobald die Masse zu stocken beginnt, sie mit einem Löffel strichweise vom Pfannenboden losrühren, so lange weiter erhitzen, bis keine Flüssigkeit mehr vorhanden ist. Das Rührei muß weich und großflockig, aber nicht trocken sein.
Das Rührei auf die vier Brotscheiben verteilen, und mit dem Schnittlauch bestreuen.
Den Lachsschinken in Würfel schneiden, darüberstreuen.

FRÜCHTE-MÜSLI

(1 Portion – Foto)

3 EL Früchte-Müsli (Fertig-Produkt, 45 g, ohne Zucker)
100 ml Milch (1,5 % Fett)

Pro Portion: E: 8 g, F: 4 g, Kh: 32 g, kJ: 869, kcal: 207

Das Müsli in eine Schale geben und mit der Milch übergießen.

SCHINKEN-KNÄCKE

(1 Portion – Foto)

2 Scheiben Vollkornknäcke (26 g)
10 g (2 TL) Joghurtsalatcreme
1 Scheibe gekochter Schinken (35 g)
100 g Möhren

Pro Portion: E: 11 g, F: 8 g, Kh: 21 g, kJ: 875, kcal: 209

Die Knäckebrote mit Salatcreme bestreichen und mit dem Schinken belegen. Die Möhren putzen, schälen, waschen, dazu essen.

KÄSE-BRÖTCHEN

(1 Portion – Foto)

1 Vollkornbrötchen (45 g)
5 g (1 gestr. TL) Butter oder Margarine
20 g (1 gestr. EL) körniger Frischkäse
Kräutersalz
feingeschnittener Schnittlauch

Pro Portion: E: 7 g, F: 6 g, Kh: 19 g, kJ: 689, kcal: 165

Das Brötchen halbieren, mit Fett und Käse bestreichen und mit Kräutersalz würzen.
Mit Schnittlauch bestreuen.

KÄSE-TOAST

(1 Portion – Foto)

1 Scheibe Vollkorntoast (30 g)
5 g (1 TL) Butter oder Pflanzenmargarine
1 Scheibe Käse (30 g), (30 % Fett)
1 Tomate (50 g)

Pro Portion: E: 11 g, F: 10 g, Kh: 18 g, kJ: 910, kcal: 217

Den Toast mit dem Fett bestreichen und mit der Käsescheibe belegen.
Die Tomate waschen, dazu essen.

OBST-
JOGHURT

(1 Portion – Foto)

1 Becher Joghurt
(150 g, 1,5 % Fett)
flüssiger Süßstoff
1 kleiner Apfel (100 g)
1/2 kleine Banane (75 g)

Pro Portion: E: 6 g, F: 3 g, Kh: 26 g, kJ: 689, kcal: 165

Den Joghurt nach Belieben mit Süßstoff verrühren.
Den Apfel waschen, vierteln, entkernen, würfeln. Die halbe Banane schälen und in Scheiben schneiden.
Den Joghurt über das Obst geben oder getrennt dazu essen.

TOAST
MIT EI

(1 Portion – Foto)

1 Scheibe Vollkorntoast (30 g)
5 g (1 gestr. TL) Butter oder Pflanzenmaragrine
1 Ei (Gew.Kl. 4)

Pro Portion: E: 10 g, F: 11 g, Kh: 16 g, kJ: 910, kcal: 217

Den Toast mit dem Fett bestreichen. Das Ei, weichgekocht, dazu essen.

QUARK-
BROT

(1 Portion – Foto)

1 Scheibe Vollkornbrot (45 g)
5 g (1 gestr. TL) Butter oder Pflanzenmargarine
80 g Magerquark
10 g (1 TL) Konfitüre

Pro Portion: E: 14 g, F: 5 g, Kh: 28 g, kJ: 948, kcal: 226

Das Brot mit Fett und Quark bestreichen und die Konfitüre darauf verteilen.

BANANENSCHAUM-MÜSLI

(2 Portionen – Foto S. 24)

50 g Haferflocken
10 g (1 EL) Kokosflocken
1 Stückchen Ingwerwurzel
2 Orangen (400 g)
2 reife Bananen (250 g)
500 g Dickmilch (3,5 % Fett)

Pro Portion: E: 15 g, F: 14 g, Kh: 58 g, kJ: 1858, kcal: 445

Haferflocken und Kokosflocken in einer Pfanne ohne Fett unter Rühren etwa 5 Minuten rösten. Den Ingwer schälen und fein reiben.
Die Orangen schälen, in Stücke schneiden und mit dem Ingwer und den Flocken mischen.
Die Bananen schälen, im Mixer pürieren und mit der Dickmilch verrühren. Über die Müslimischung geben.

SPARGEL-OMELETT

(4 Portionen)

100 g gekochter Brechspargel
50 g gekochter Schinken
10 g (1 gestr. EL) Butter oder Margarine

4 Eier (Gew.-Kl. 4)
4 EL Milch (1,5 % Fett)
Salz, geriebene Muskatnuß
5 g (1 gestr. TL) Butter oder Margarine
gehackte Petersilie

Pro Portion: E: 11 g, F: 11 g, Kh: 1 g, kJ: 663, kcal: 158

Den Spargel abtropfen lassen und in etwa 3 cm lange Stücke schneiden. Den Schinken würfeln. Das Fett (10 g) zerlassen, Spargel und Schinken darin erhitzen. Dio Eior mit dor Milch, Salz und Muskatnuß verschlagen. Das Fett in einer Stielpfanne erhitzen, die Eier hineingeben. Die Pfanne mit dem Deckel verschließen. Die Eiermasse langsam gerinnen lassen.
Wenn die untere Seite des Omelettes hellbraun gebacken ist (die obere Seite muß weich bleiben), die Spargel-Schinken-Masse auf eine Hälfte des Omelettes geben, die andere Hälfte darüber schlagen. Das Omelett auf eine vorgewärmte Platte gleiten lassen und mit gehackter Petersilie bestreuen.
Backzeit: etwa 15 Minuten.

HÜTTENKÄSE
MIT GURKE UND TOMATE

(2 Portionen – Foto S. 25)

200 g Salatgurke, vorbereitet
200 g Tomaten
200 g körniger Frischkäse (Hüttenkäse, 20 % Fett)
Meersalz
Pfeffer
1 Bund feingehackter Dill
4 feingehackte Pistazienkerne (3 g)
2 g (1 TL) Sesamsamen

Pro Portion: E: 16 g, F: 6 g, Kh: 8 g, kJ: 682, kcal: 163

Die Gurke schälen, senkrecht halbieren, jeweils zur Hälfte in feine Würfel und in Scheiben schneiden. Die Tomaten waschen, abtrocknen.
Eine Tomate kleinschneiden, die andere vierteln. Die Stengelansätze herausschneiden.
Die gewürfelte Gurke und die kleingeschnittene Tomate mit dem Käse vermischen. Mit Salz, Pfeffer abschmecken, etwas von dem Dill hinzufügen. Die Käsemischung auf 2 Teller in die Mitte geben. Die Gurkenscheiben und Tomatenviertel darum legen.
Die Pistazienkerne in einer Pfanne (ohne Fettzugabe) kurze Zeit rösten.
Die Sesamsamen in die von der Kochstelle genommene Pfanne geben, kurz mitrösten. Mit Pistazien, Sesamsamen und dem restlichen Dill den Käse garnieren.

PIKANTES KÄSE-FRISCHKORN-MÜSLI

(2 Portionen – Foto)

120 g Weizen oder Nackthafer
250 ml (1/4 l) Wasser
1 rote Paprikaschote (200 g)
2 Stengel Staudensellerie (60 g)
1 Bund Schnittlauch
1 süßer, mürber Apfel (150 g)
150 g Hüttenkäse (10 % Fett)
200 ml Milch (1,5 % Fett)
Kräutersalz
gemahlener Pfeffer

Pro Portion: E: 23 g, F: 6 g, Kh: 54 g, kJ: 1582, kcal: 378

Den Weizen/Nackthafer schroten, mit dem Wasser übergießen und über Nacht im Kühlschrank quellen lassen. Die Paprika waschen, halbieren, entkernen, die weißen Scheidewände entfernen und die Schote in kleine Würfel schneiden.
Die Staudensellerie-Stengel waschen, putzen, in dünne Scheiben hobeln. Den Schnittlauch abspülen, trockentupfen, fein schneiden. Den Apfel schälen, entkernen, das Fruchtfleisch reiben.
Den Hüttenkäse mit dem Getreideschrot, der Milch und den übrigen Zutaten vermengen, mit Kräutersalz und Pfeffer abschmecken.

FITNESS-LUNCH

(1 Portion)
1 kleiner Pfirsich
1 kleiner Apfel
(je 100 g, vorbereitet)
50 ml Apfelsinensaft, frisch gepreßt
100 g Weintrauben
30 g (3 EL) Weizen- oder Haferflocken
15 g (1 geh. EL) gehackte Walnußkerne, 1 Msp. Kakao
100 g körniger Frischkäse (10 % Fett)

Pro Portion: E: 23 g, F: 16 g, Kh: 63 g, kJ: 2159, kcal: 517

SELLERIE-SALAT
MIT LACHSBROT

(2 Portionen – Foto)

1 Staudensellerie (250 g)
1 Orange (140 g)
1 EL Zitronensaft
2 EL Orangensaft
Salz, Pfeffer
Süßstoff
2 Scheiben Räucherlachs (je 30 g)
2 Scheiben Vollkornbrot (je 30 g)

Pro Portion: E: 10 g, F: 5 g, Kh: 24 g, kJ: 717, kcal: 172

Die Selleriestaude putzen, waschen und in Streifen schneiden.
Die Orange schälen und filetieren, mit den Selleriestreifen vermengen.
Für die Marinade Zitronensaft, Orangensaft und Gewürze verrühren und über die Salatzutaten geben.
Die Brotscheiben mit dem Lachs belegen.

Orangen filetieren – Die Orange bis auf das Fruchtfleisch schälen und die Filets vorsichtig aus den Häuten herausschneiden.

Den Pfirsich waschen, halbieren, entsteinen. Den Apfel waschen, vierteln, entkernen. Pfirsich und Apfel in kleine Scheiben schneiden, sofort mit dem Apfelsinensaft mischen. Die Weintrauben waschen, entstielen, evtl. halbieren, entkernen. Unter das vorbereitete Obst mischen.
Flocken und Nüsse ohne Fettzugabe unter ständigem Wenden rösten, mit dem Kakao bestäuben.
Das Obst auf einem Teller anrichten. Den Frischkäse in die Mitte setzen, die Nuß-Flocken darüberstreuen.

CAMEMBERT-BROT

(1 Portion – Foto S. 28)

1 Scheibe Vollkornbrot (45 g)
5 g (1 gestr. TL) Butter oder Margarine
30 g Camembert (30 % Fett)
1 Birne (100 g)
3 g (1 TL) Sonnenblumenkerne

Pro Portion: E: 12 g, F: 10 g, Kh: 30 g, kJ: 1146, kcal: 274

Das Brot mit dem Fett bestreichen und mit dem Käse belegen. Die Birne waschen, abtrocknen, entkernen, in Spalten schneiden und auf dem Brot verteilen, mit den Sonnenblumenkernen bestreuen.

MÖHREN-DRINK

(2 Portionen – Foto S. 29)

300 g Möhren
1/2 rote Paprikaschote (100 g)
Saft von 1/2 Zitrone
Saft von 2 Apfelsinen (150 ml)
Salz, Pfeffer
Selleriesalz
Staudenselleriestücke (30 g)
Staudenselleriegrün

Pro Portion: E: 2 g, F: 0,5 g, Kh: 15 g, kJ: 317, kcal: 76

Die Möhren putzen, schälen, waschen. Die Paprikaschote halbieren, entstielen, entkernen, die weißen Scheidewände entfernen, die Schote waschen. Beide Zutaten kleinschneiden, pürieren, mit dem Zitronensaft, dem Apfelsinensaft verrühren, mit den Gewürzen abschmecken und mit Staudenselleriegrün und -stückchen garnieren.

BIRNENQUARK MIT NUSSFLOCKEN

(1 Portion)

100 g Magerquark
Mineralwasser
1/2 Birne (60 g, vorbereitet)
flüssiger Süßstoff
Zimt oder Lebkuchengewürz
10 g (1 geh. EL) Hafer- oder Weizenflocken
10 g (1 gestr. EL) gehackte Walnußkerne

Pro Portion: E: 16 g, F: 7 g, Kh: 18 g, kJ: 912, kcal: 217

Den Quark mit etwas Mineralwasser glattrühren. Die Birnenhälfte schälen, entkernen, in kleine Scheiben schneiden, unter den Quark rühren. Evtl. mit etwas Süßstoff süßen. Nach Belieben mit Zimt oder Lebkuchengewürz abschmecken. Flocken und Nüsse ohne Fettzugabe rösten, abkühlen lassen, über den Quark streuen.

GURKEN-COCKTAIL

(4 Portionen – Foto S. 30)

2–3 Salatgurken (etwa 1 kg)
Zitronensaft
Salz, Pfeffer, Zucker
Selleriesalz

Pro Portion: E: 1 g, F: 0,4 g, Kh: 3 g, kJ: 87, kcal: 20

Die Gurken waschen, längs halbieren, die Kerne mit einem Löffel auskratzen und die Gurken in Stücke schneiden.
Die Gurkenstücke nach und nach in einem elektrischen Entsafter pürieren, mit Zitronensaft, Salz, Pfeffer, Zucker und Selleriesalz abschmecken, kalt stellen.
Den gut gekühlten Saft in Gläser füllen und mit Pfeffer bestreut servieren.

BUNTES BROT

(1 Portion – Foto)
1 Scheibe Vollkornbrot (50 g)
5 g Butter (1 gestr. TL)
gewaschene, trockengetupfte Salatblätter
1 dünne Scheibe magerer gekochter Schinken (35 g)
1/2 hartgekochtes Ei (Gew.Kl. 4)
1 Tomate (50 g)
3 Radieschen (45 g)
4 Gurkenscheiben (30 g)
Dill, Schnittlauch

Pro Portion: E: 16 g, F: 11 g, Kh: 24 g, kJ: 1140, kcal: 273

Das Brot mit der Butter bestreichen und mit den Salatblättern belegen. Den Schinken darauf legen. Das Ei pellen. Die Tomate waschen, abtrocknen. Die Radieschen putzen, waschen. Die drei Zutaten in Scheiben schneiden und mit dem Schinken anrichten.
Das Brot mit Dill und Schnittlauch garnieren.

BROT „MORGENRÖTE"

(1 Portion – Foto)

2–3 Möhren (etwa 200 g)
1 kleiner Apfel (100 g)
Zitronensaft, Apfelsaft
1 Scheibe Schwarzbrot (45 g)
5 g (1 gestr. TL) Butter
100 g Hüttenkäse (10 % Fett)
1 Zitronenscheibe
Kresse

Pro Portion: E: 19 g, F: 8 g, Kh: 40 g, kJ: 1404, kcal: 335

Die Möhren putzen, schälen und waschen. Den Apfel schälen, vierteln, entkernen. Beide Zutaten grob raspeln, miteinander vermengen und mit Zitronen- und Apfelsaft abschmecken.
Das Schwarzbrot mit der Butter bestreichen. Zuerst den Hüttenkäse, dann den Möhren-Apfel-Salat darauf verteilen. Das Brot mit der Zitronenscheibe und Kresse garnieren.

QUARK-BROT MIT RADIESCHEN

(1 Portion – Foto)

1 Bund Radieschen (250 g mit Grün)
125 g Magerquark
1 EL Milch (3,5 % Fett)
1 EL feingeschnittener Schnittlauch
Salz
Pfeffer
1 Scheibe Graham-Brot (30 g)
5 g (1 gestr. TL) Pflanzen-Margarine oder Butter
Radieschenröschen
feingeschnittener Schnittlauch

Pro Portion: E: 22 g, F: 6 g, Kh: 24 g, kJ: 1060, kcal: 253

Die Radieschen putzen, waschen, die Hälfte fein hacken und die restlichen Radieschen in dünne Scheiben schneiden.
Den Quark mit der Milch und dem Schnittlauch verrühren und mit Salz und Pfeffer würzen.
Die gehackten Radieschen und etwa 2/3 der Radieschenscheiben unterheben.
Das Brot mit der Margarine bestreichen, den Radieschenquark darauf verteilen, mit den restlichen Radieschenscheiben, Radieschenröschen und feingeschnittenenem Schnittlauch bestreuen.

RUND UMS HAUPTGERICHT

Ob die Hauptmahlzeit mittags oder am Abend eingenommen wird, richtet sich nach Ihren häuslichen Gegebenheiten. Die Rezept-Vielfalt in den nachfolgenden Kapiteln bietet die unterschiedlichsten Variationsmöglichkeiten.

Ergänzen Sie ein leichtes Hauptgericht mit einer Vorsuppe, einer Rohkost, einem Salat oder einem Dessert, und runden Sie einen kräftigen Eintopf oder ein eigenständiges Nudelgericht mit frischen Früchten oder einem gepreßten Obst- oder Gemüsesaft ab.

Die empfohlenen Beilagen zu den Fisch- und Fleischgerichten sind beliebig austauschbar. Beachten Sie aber auch hier die Kalorienmengen der Beilagen.

Bevorzugen Sie Naturreis, Vollkornnudeln oder Nudeln aus Hartweizengrieß, da diese Nahrungsmittel ballaststoffreicher sind und anhaltend sättigen. Pellkartoffeln sind geschmacklich intensiver und nährstoffreicher als Salzkartoffeln.

Auf den Seiten 134–137 finden Sie Tages-Zusammenstellungen für den unterschiedlichen Kalorienbedarf.

HAUPTGERICHT

BUNTES REISFLEISCH

(4 Portionen – Foto S. 35)

400 g Schweineschnitzel (mager)
500 g Tomaten
2 Paprikaschoten (je 200 g, grün und rot)
250 g Zwiebeln
50 g durchwachsener Speck
1 EL (12 ml) Speiseöl
Salz
gemahlener Pfeffer
70 g Tomatenmark (Dose)
einige Spritzer Tabasco
Paprika edelsüß
Cayennepfeffer
gehackte Basilikumblättchen
gehackte Liebstöckelblättchen
250 ml (1/4 l) Fleischbrühe
250 g Langkornreis (parboiled)
500 ml (1/2 l) Wasser

Pro Portion: E: 31 g, F: 20 g, Kh: 61 g, kJ: 2360, kcal: 583

Das Fleisch unter fließendem kaltem Wasser abspülen, trockentupfen, in Würfel schneiden.
Die Tomaten kurze Zeit in kochendes Wasser legen (nicht kochen lassen), in kaltem Wasser abschrecken, enthäuten, die Stengelansätze herausschneiden, die Tomaten vierteln.
Die Paprikaschoten halbieren, entstielen, entkernen, die weißen Scheidewände entfernen, die Schoten waschen, in Stücke schneiden. Die Zwiebeln abziehen, vierteln. Den Speck in kleine Würfel schneiden. Das Öl erhitzen, den Speck darin auslassen, das Fleisch unter Wenden darin bräunen lassen, Zwiebelviertel und Paprikastücke hinzufügen, etwa 5 Minuten mitschmoren lassen, mit Salz, Pfeffer, Tomatenmark, Tabasco, Paprika und Cayennepfeffer würzen. Die Kräuter unterrühren.
Die Fleischbrühe hinzugießen, etwa 5 Minuten schmoren lassen. Die Tomatenviertel, den Langkornreis und das Wasser hinzufügen, zum Kochen bringen, in 15–20 Minuten gar kochen lassen. Das Gericht evtl. nochmals abschmecken.

GRIECHISCHER EINTOPF

(6 Portionen)
1 Zwiebel (50 g)
1 Knoblauchzehe
4 EL (48 ml) Olivenöl
600 g Auberginen, vorbereitet
600 g Zucchini, vorbereitet
300 g Kartoffeln, vorbereitet
500–750 ml (1/2–3/4 l) Fleischbrühe
Meersalz, Pfeffer
Muskatnuß, gerieben
600 g Fleischtomaten
1 Bund Dill
1/2 Bund Petersilie
50 g Parmesankäse (40 % Fett)

Pro Portion: E: 12 g, F: 14 g, Kh: 20 g, kJ: 1102, kcal: 265

Die Zwiebel und die Knoblauchzehe abziehen, kleinschneiden. Das Öl erhitzen, Zwiebel und Knoblauch darin andünsten. Auberginen und Zucchini waschen, Stengelansätze und evtl. vorhandene braune Stellen abschneiden. Die Kartoffeln schälen und waschen.
Das Gemüse in Streifen oder Würfel schneiden, zu der Zwiebel geben, mitdünsten lassen.
Die Brühe hinzugießen, zum Kochen bringen.
Mit Salz, Pfeffer und Muskat würzen, etwa 30 Minuten dünsten lassen.
Die Tomaten waschen, halbieren, die Stengelansätze herausschneiden. Das Fruchtfleisch in kleine Stücke schneiden, etwa 10 Minuten mitdünsten lassen.
Die Kräuter abspülen, trockentupfen, die Blätter von den Stielen zupfen und feinhacken. Mit dem Käse kurz vor dem Servieren über den Eintopf streuen.

CHINA-SUPPE MIT EI

(1 Portion – Foto S. 36)

200 g Champignons
375 ml (3/8 l) Hühnerbrühe (Instant)
150 g tiefgefrorene Erbsen
1 EL (15 ml) Sojasauce
Chinagewürz
1 Ei (Gew.-Kl. 4)
1 EL feingeschnittener Schnittlauch

Pro Portion: E: 22 g, F: 7 g, Kh: 24 g, kJ: 1110, kcal: 264

Die Champignons putzen, waschen und in Scheiben schneiden. Die Brühe zum Kochen bringen. Champignons und Erbsen hinzufügen, etwa 5 Minuten garen lassen.
Die Suppe mit Sojasauce und Chinagewürz pikant abschmekken. Das Ei mit einer Gabel verrühren und über den Gabelrükken in die heiße Suppe geben. Mit dem Schnittlauch bestreuen.

ZUCCHINI-SUPPE

(4 Portionen)

700 g Zucchini, vorbereitet
400 ml Gemüsebrühe
Meersalz, Pfeffer
Muskatnuß, gerieben
Kümmel oder Koriander, gemahlen
3 EL (45 ml) Schlagsahne (30 % Fett)
1 EL feingehackte Petersilie oder Dill

Pro Portion: E: 3 g, F: 5 g, Kh: 4 g, kJ: 318, kcal: 76

REIS-MÖHREN-SUPPE
MIT LIMONEN

Die Zucchini waschen, die Enden abschneiden. Das Fruchtfleisch in Würfel schneiden. Die Zucchini in die Brühe geben. Die Gewürze dazugeben. Die Zucchini in etwa 20 Minuten weichkochen lassen. Die Suppe im Mixer oder mit einem elektrischen Handrührgerät pürieren. Nochmals kurz erhitzen. Die Sahne unterrühren. Mit Petersilie oder Dill bestreut servieren.

Nach dem gleichen Rezept kann Kürbissuppe zubereitet werden. Dann wird die Zucchini durch die gleiche Menge Kürbis ersetzt. Gewürzt wird die Suppe mit gemahlenem Koriander oder Currypulver.

(4 Portionen – Foto S. 37)

1 kleine Zwiebel (30 g)
1 EL (12 ml) Olivenöl
100 g Langkornreis
1 l Gemüsebrühe
Salz
geriebene Muskatnuß
150 g Möhren
2 Limonen (120 g)
1 Limone (60 g, unbehandelt)

Pro Portion: E: 3 g, F: 5 g, Kh: 24 g, kJ: 653, kcal: 155

Die Zwiebel abziehen, fein würfeln. Das Öl erhitzen und die Zwiebelwürfel darin glasig dünsten.
Den Langkornreis einstreuen, gut verrühren, kurz andünsten, mit der Gemüsebrühe aufgießen, aufkochen lassen, in etwa 15 Minuten gar kochen, mit Salz, Muskatnuß würzen.
Die Möhren putzen, schälen, waschen, würfeln, in die Suppe geben, 5 Minuten weiterkochen lassen. Die Limonen (2 Stück) auspressen, den Saft in die Suppe gießen.
Die Limone unter heißem Wasser abwaschen, in dünne Scheiben schneiden, die Suppe auf vier Teller verteilen, mit den Limonenscheiben garnieren.

MINESTRONE

ITALIENISCHE GEMÜSESUPPE

(4 Portionen – Foto S. 38)

1 Zwiebel (50 g)
2 EL (24 ml) Olivenöl
100 g Möhren
100 g Sellerieknolle
100 g Weißkohl
100 g Porree (Lauch)
1 Kopf Blumenkohl (400 g)
1 1/2 l Instant-Fleischbrühe
100 g Spaghetti
18 g (1 gestr. EL) Tomatenmark
3 enthäutete Tomaten (175 g)
Salz, Pfeffer
2 Knoblauchzehen
gehackte Petersilie
20 g (2 gestr. EL) geriebener Parmesan-Käse (40 % Fett)

Pro Portion: E: 19 g, F: 18 g, Kh: 26 g, kJ: 1515, kcal: 363

Die Zwiebel abziehen, würfeln. Das Öl erhitzen und die Zwiebelwürfel darin glasig dünsten. Das Gemüse putzen, waschen, in Streifen schneiden.
Den Blumenkohl von Blättern, schlechten Stellen und dem Strunk befreien, in Röschen teilen, waschen.
Das Gemüse zu den Zwiebelwürfeln geben, kurz durchdünsten lassen. Die Brühe hinzugießen, zum Kochen bringen.
Die Spaghetti in kleine Stücke brechen, mit dem Tomatenmark in die Suppe geben, etwa 12 Minuten garen lassen. Die Tomaten in die Suppe geben, 2 Minuten erhitzen. Die Minestrone mit Salz und Pfeffer würzen. Die Knoblauchzehen abziehen, zerdrükken, in die Suppe geben.
Die Minestrone mit Petersilie und Parmesan bestreuen.
Kochzeit: etwa 15 MInuten.

CHILI CON CARNE

(4 Portionen – Foto S. 39)

50 g durchwachsener Speck
3 Zwiebeln (150 g)
1 Knoblauchzehe
400 g Rindergehacktes
etwa 250 g Tomaten (Dose)
etwa 600 g Kidneybohnen (Dose)
3 EL (50 ml) Chilisauce
2 TL Chilipulver
Salz, Zucker

Pro Portion: E: 45 g, F: 25 g, Kh: 51 g, kJ: 2724, kcal: 650

Den Speck in Würfel schneiden, auslassen. Zwiebeln und Knoblauchzehe abziehen, fein würfeln und in dem Speckfett glasig dünsten. Das Rindergehackte hinzufügen, unter ständigem Rühren etwa 7 Minuten braten lassen. Die Tomaten abtropfen lassen, kleinschneiden, mit der Tomatenflüssigkeit, den Kidneybohnen und der Chilisauce zu dem Gehackten geben.
Mit dem Chilipulver, Salz und Zucker würzen, zum Kochen bringen und in etwa 15 Minuten gar kochen lassen.
Den fertigen Eintopf nochmals mit den Gewürzen abschmecken.

TIP

Als Beilage zu „Chili con Carne" empfiehlt sich ein Vollkornbrötchen (55 g = kJ: 525, kcal: 125)

GURKEN-SUPPE

(3 Portionen)

1 kleine Salatgurke (500 g)
Salz
frisch gemahlener Pfeffer
1 abgezogene, zerdrückte Knoblauchzehe
500 g cremig gerührter Joghurt (1,5 % Fett)
Speisewürze
feingehackte Petersilie
Wassereiswürfel (aus dem Gefrierfach)

Pro Portion: E: 6 g, F: 3 g, Kh: 10 g, kJ: 405, kcal: 97

Die Salatgurke schälen, fein hobeln oder in einem elektrischen Mixer pürieren, mit Salz, Pfeffer und der Knoblauchzehe würzen, zum Saftziehen stehen lassen. Den Joghurt unterrühren, mit Speisewürze abschmecken. Die Petersilie darüber streuen. Die Suppe sehr kalt, nach Belieben mit Wassereiswürfeln servieren.

GELBE LINSENSUPPE
MIT CURRY

(4 Portionen – Foto S. 40)

1 Zwiebel (50 g)
1 EL (12 ml) Sesamöl
2 Knoblauchzehen
1–1 1/2 EL Currypulver
1 TL Paprika, edelsüß
1/2 TL Kreuzkümmel, gemahlen
Meersalz
1/2 TL Pfeffer
70 g (4 gestr. EL) Tomatenmark
1,5 l Gemüsebrühe
400 g gelbe Linsen
50 g ungeschwefelte Rosinen
1 Bund glatte Petersilie

Pro Portion: E: 28 g, F: 7 g, Kh: 68 g, kJ: 1933, kcal: 457

Die Zwiebel abziehen, in kleine Würfel schneiden, in dem Öl dünsten.
Den Knoblauch abziehen, zerdrücken und dazugeben.
Currypulver, Paprika, Kreuzkümmel, Salz, Pfeffer und Tomatenmark hinzufügen, kurz anschwitzen. Die Gemüsebrühe hinzugießen. Die Linsen einstreuen, aufkochen und 45 Minuten bei geringer Hitze gar kochen lassen. Nach 30 Minuten Kochzeit die Rosinen einstreuen.
Die Petersilie unter fließendem, kaltem Wasser abspülen, trockentupfen, die Blättchen von den Stengeln zupfen, grob hacken, vor dem Servieren in die Suppe streuen.

KALTE TOMATENSUPPE
MIT AVOCADOCREME

(4 Portionen – Foto S. 41)

1 kg Suppen-Tomaten oder
2 Pck. passierte Tomaten (je 500 g)
1 kleine Zwiebel (30 g)
2 EL (24 ml) Olivenöl
3 EL Weinessig
Salz, Pfeffer
1 große Avocado (375 g)
1 Knoblauchzehe
125 ml (1/8 l) Milch (1,5 % Fett)
Saft von 1 Zitrone
Zucker, Salz
Minzeblättchen

Pro Portion: E: 6 g, F: 21 g, Kh: 15 g, kJ: 1210, kcal: 288

Für die Tomatensuppe die Tomaten waschen, kleinschneiden, durch ein Sieb streichen. Die Zwiebel abziehen, fein würfeln. Passierte Tomaten mit Olivenöl und Weinessig verrühren, mit den Gewürzen abschmecken, kühl stellen.
Für die Avocadocreme die Avocado schälen, den Kern mit einem Löffel herauslösen, das Fruchtfleisch grob zerkleinern. Die Knoblauchzehe abziehen, durchpressen. Beide Zutaten mit der Milch, dem Zitronensaft im Mixer pürieren, mit Zucker und Salz abschmecken.
Die Tomatensuppe in Suppenteller füllen, die Avocadocreme darauf geben, mit Minzeblättchen garnieren.

TIP

Von den etwa 400 Sorten Avocados – von Pflaumengröße bis zu einem Gewicht von 1kg – wird bei uns in der Regel die mittlere Sorte angeboten. Die apfel- bis birnenförmigen Früchte sind hellgrün bis dunkel-aubergine. Vollreife Früchte geben auf Druck nach und haben auch erst dann ihren feinen nußartigen Geschmack entwickelt. Damit das Avocadofleisch sich nach dem Schälen nicht dunkel verfärbt, sollte es mit Zitronensaft beträufelt werden. Avcados können süß und pikant gewürzt gegessen werden.

SAUER-KRAUT-SUPPE MIT WÜRSTCHEN

(2 Portionen – Foto S. 42)

350 Sauerkraut
400 g Kartoffeln
1 kleines Lorbeerblatt
3 Wacholderbeeren
600 ml Gemüsebrühe (Instant)
4 Scheiben Ananas (140 g, Dose)
6 (90 ml) EL Ananassaft
2 Wiener Würstchen (je 50 g)
Salz, Pfeffer

Pro Portion: E: 16 g, F: 13 g, Kh: 45 g, kJ: 1611, kcal: 385

Das Sauerkraut mit einer Gabel leicht zerpflücken. Die Kartoffeln schälen, waschen, würfeln.
Die beiden Zutaten mit Lorbeerblatt und Wacholderbeeren in der Gemüsebrühe zum Kochen bringen und in etwa 20 Minuten garen lassen.
5 Minuten vor Beendigung der Garzeit die in Stücke geschnittenen Ananasscheiben mit dem Saft und den Würstchen hinzufügen, miterhitzen. Mit Salz und Pfeffer abschmecken.

MAISTOPF MIT PAPRIKA

(4 Portionen – Foto S. 43)

285 g Zuckermais (Dose)
2 Dosen Thunfisch naturell (je 150 g)
500 ml (1/2 l) Gemüsebrühe
3 EL Zitronensaft
125 ml (1/8 l) trockener Weißwein
1 Knoblauchzehe
1 Zwiebel (50 g)
2 rote Paprikaschoten (400 g)
10 g (1 gestr. EL) Butter
Paprikapulver
grüner Pfeffer

Pro Portion: E: 19 g, F: 5 g, Kh: 16 g, kJ: 877, kcal: 209

Den Zuckermais und den Thunfisch abtropfen lassen und mit Brühe, Zitronensaft und Weißwein in einen Topf geben und erhitzen.
Knoblauchzehe und Zwiebel abziehen, sehr fein würfeln.
Die Paprikaschoten halbieren, entstielen, entkernen, die weißen Scheidewände entfernen, die Schoten waschen und auf einem Hobel in feine Streifen hobeln.
Die Butter in einer Pfanne erhitzen. Knoblauchzehe, Zwiebel, und Paprikaschote etwa 3 Minuten darin andünsten.
Das Paprikapulver hinzugeben, das Gemüse unter die Suppe ziehen, mit grünem Pfeffer würzen, heiß servieren.

PUTEN-PILAW

(4 Portionen – Foto S. 45)

400 g Putenschnitzelfleisch
10 g (1 gestr. EL) Butter
1 EL Paprika edelsüß
Salz, weißer Pfeffer
200 g Langkornreis
500 ml (1/2 l) Instant-Hühnerbrühe
2 Zwiebeln (100 g)
1 Bund Suppengrün (400 g)
200 g Creme-Champignons
4 Tomaten (300 g)
1–2 EL gehackte Petersilie

Pro Portion: E: 33 g, F: 4 g, Kh: 48 g, kJ: 1531, kcal: 365

Das Putenfleisch unter fließendem kaltem Wasser abspülen, trockentupfen, in etwa 2 x 2 cm große Würfel schneiden. Die Butter zerlassen und das Fleisch darin anbraten, mit Paprika, Salz und Pfeffer würzen.
Den Langkornreis mit der Hühnerbrühe hinzufügen, zum Kochen bringen und etwa 10 Minuten garen lassen.
Die Zwiebeln abziehen, würfeln. Das Suppengrün putzen, waschen, grob raspeln, den Porree in etwa 1/2 cm breite Streifen schneiden. Die Champignons putzen, waschen, in Scheiben schneiden. Die Tomaten kurze Zeit in kochendes Wasser legen (nicht kochen lassen), in kaltem Wasser abschrecken, enthäuten, die Stengelansätze herausschneiden, die Tomaten achteln. Das Gemüse zu dem Reisfleisch geben und in 5–10 Minuten garen.
Das gare Puten-Pilaw mit der gehackten Petersilie bestreuen.
Beilage: Bunter Blattsalat, siehe S. 83.

KARTOFFELSUPPE
MIT HÜHNERFLEISCH UND PORREE

(4 Portionen)

500 g Hühnerklein
1 1/2 l kaltes Salzwasser
500 g Hähnchenbrust (mit Knochen)
2 Zwiebeln (100 g)
1 Bund Suppengrün (400 g)
1 kg mehlig-kochende Kartoffeln
2–3 Möhren (etwa 200 g)
2 Stangen Porree (etwa 400 g)
Salz, Pfeffer
3 EL gehackte Petersilie

Pro Portion: E: 64 g, F: 33 g, Kh: 46 g, kJ: 3242, kcal: 773

Das Hühnerklein waschen, in dem Salzwasser zum Kochen bringen, 30 Minuten kochen lassen.
Die Hähnchenbrust waschen, hinzufügen, zum Kochen bringen, abschäumen. Die Zwiebeln abziehen, vierteln. Das Suppengrün putzen, waschen, kleinschneiden. Beide Zutaten zu dem Hühnerfleisch geben, zum Kochen bringen, etwa 30 Minuten kochen lassen.
Die Brühe durch ein Sieb gießen, das Hühnerfleisch von den Knochen lösen, die Haut entfernen, das Fleisch kleinschneiden, das Hühnerfett von der Brühe abschöpfen.
Die Kartoffeln schälen, waschen, in Würfel oder Stifte schneiden, in die Brühe geben, zum Kochen bringen, etwa 5 Minuten kochen lassen. Die Möhren putzen, schälen, waschen, in Stifte schneiden, in die Suppe geben, zum Kochen bringen, etwa 7 Minuten kochen lassen.
Den Porree putzen, das dunkle Grün bis auf etwa 10 cm entfernen, den Porree in Scheiben schneiden, gründlich waschen, zu den übrigen Zutaten geben, zum Kochen bringen, weitere 3–5 Minuten kochen lassen.
Das Hühnerfleisch hinzufügen, erhitzen, die Suppe mit Salz, Pfeffer würzen.
Die Petersilie darüber streuen.

SCHOLLENFILETS
MIT CURRYSAUCE

(1 Portion – Foto S. 46)

150 g Schollenfilet
1 TL (5 ml) Zitronensaft
Salz, Pfeffer
1 Orange (200 g)
1 Lauchzwiebel (50 g)
50 g Natur- oder Parboiledreis
Salzwasser
1 TL (4 ml) Speiseöl
2 gestr. EL Crème fraîche (30 g)
3 EL (45 ml) Orangensaft
Currypulver

Pro Portion: E: 30 g, F: 16 g, Kh: 32 g, kJ: 1750, kcal: 418

Den Fisch unter fließendem kaltem Wasser abspülen, trockentupfen, mit Zitronensaft beträufeln, mit Salz und Pfeffer bestreuen.
Die Orange schälen, filetieren.
Die Lauchzwiebel putzen, waschen und in Ringe schneiden.
Den Reis in Salzwasser zum Kochen bringen und den Naturreis in etwa 35 Minuten, Parboiled-Reis in 20 Minuten ausquellen und abtropfen lassen.
Das Öl erhitzen und die Schollenfilets darin anbraten. Crème fraîche, Orangensaft und -filets hinzufügen und etwa 5 Minuten dünsten lassen. Mit Salz, Pfeffer abschmecken.
Den Reis dazu servieren.

TIP

Parboiled-Reis hat mehr Nährstoffe als Langkorn-Reis. Durch eine Spezial-Druckbehandlung gelangen die wichtigen Vitaminstoffe ins Innere und bleiben somit erhalten.
Vollkorn- oder Naturreis ist der ungeschälte, naturbelassene Reis. Er enthält viele wertvolle Vitamine und Mineralstoffe in den Randschichten des Korns.

ZITRONEN-SCHOLLE

(4 Portionen – Foto S. 47)

500 g frische Schollenfilets
6 EL Zitronensaft
2 rote Paprikaschoten (je 175 g)
2 Frühlingszwiebeln (140 g mit Grün)
1 Avocado (300 g)
Saft von 1 Zitrone
3 EL (36 ml) Maiskeimöl
1 TL Kräutersalz
1 EL grüne Pfefferkörner
Pfeffer

Pro Portion: E: 24 g, F: 23 g, Kh: 8 g, kJ: 1496, kcal: 358

Das Schollenfilet abspülen, trokkentupfen, mit dem Zitronensaft beträufeln, 1 Stunde ziehen lassen.
Die Paprikaschoten waschen, halbieren, Kerne und weiße Scheidewände entfernen, Schoten fein würfeln.
Die Frühlingszwiebeln putzen, waschen, in dünne Ringe schneiden, mit den Paprikawürfeln vermischen. Die Avocado halbieren, entkernen, schälen, in Spalten schneiden. Avocado, Scholle, Gemüsewürfel auf einer Platte anrichten. Den Zitronensaft mit Maiskeimöl, Kräutersalz und Pfefferkörnern verrühren, mit Pfeffer abschmecken und über die Zutaten träufeln.

SCHELLFISCH IN DILLSAUCE

(4 Portionen – Foto S. 48)

700 g küchenfertiger Schellfisch
Saft von 1 Zitrone (45 ml)
Salz, Pfeffer
5 g (1 gestr. TL) Butter für die Form
3 Scheiben durchwachsener Speck (50 g)
250 ml (1/4 l) Fischsud
125 ml (1/8 l) Weißwein (trocken)
20 g weiche Butter
20 g Weizenmehl
50 g Saure Sahne (10 % Fett)
Zucker, Zitronensaft
2 EL gehackter Dill

Pro Portion: E: 21 g, F: 15 g, Kh: 5 g, kJ: 1142, kcal: 273

Den Fisch unter fließendem kaltem Wasser abspülen, trockentupfen, mit Zitronensaft beträufeln, mit Salz und Pfeffer bestreuen.
Den Fisch in eine gefettete Auflaufform legen. Den Speck in Stücke schneiden, darauf legen. Die Form auf dem Rost in den Backofen schieben.
Ober-/Unterhitze: etwa 200 °C (vorgeheizt)
Heißluft: etwa 180 °C (nicht vorgeheizt)
Gas: Stufe 3 (vorgeheizt)
Garzeit: 20–30 Minuten.
Den garen Fisch warm stellen. Den Fischsud mit Wasser auf 250 ml auffüllen und mit dem Weißwein etwas einkochen lassen. Die Butter mit dem Mehl verkneten, in die Flüssigkeit geben und mit dem Schneebesen gut durchschlagen, bis eine sämige Sauce entstanden ist.
Die saure Sahne unterrühren.
Die Sauce mit Zucker, Zitronensaft, Salz, Pfeffer abschmecken.
Den Dill unterrühren und mit dem Fisch servieren.

SEEZUNGENFILETS MIT ANISREIS

(4 Portionen)

200 g Langkornreis
30 g (3 EL) Wildreis
5 g (1 gestr. TL) Butter
Salzwasser
1/2 gestr. TL gemahlener Anis
2 Fenchelknollen mit Grün (je 375 g)
500 ml (1/2 l) Salzwasser
20 g Butter
1 TL Fischgewürz
2 TL (10 ml) Zitronensaft
8 Seezungenfilets (je 150 g)
1 Pampelmuse (375 g), filetiert
50 g Kräuter-Crème fraîche

Pro Portion: E: 62 g, F: 14 g, Kh: 60 g, kJ: 2652, kcal: 633

Den Wildreis in Salzwasser zum Kochen bringen und in etwa 40 Minuten ausquellen lassen.
Den Langkornreis in Salzwasser zum Kochen bringen und in etwa 15 Minuten ausquellen lassen.
Beide Reissorten abtropfen lassen, vermischen und mit 1 Teelöffel Butter und Anis verrühren, warm stellen.
Die Fenchelknollen putzen, waschen, in dünne Spalten schneiden. Das Fenchelgrün waschen, beiseite legen.
Die Fenchelspalten in Salzwasser zum Kochen bringen und in etwa 10 Minuten garen, abgießen (Kochwasser auffangen) und in 20 g zerlassener Butter wenden.
Das Fischgewürz und den Zitronensaft in das Fenchelkochwasser geben, zum Kochen bringen. Die Seezungenfilets hineinlegen und etwa 3 Minuten bei schwacher Hitze gar ziehen lassen.
Seezungenfilets, Fenchelgemüse, Pampelmusenfilets anrichten.
Die Kräuter-Crème fraîche auf den Seezungenfilets verteilen.
Mit Fenchelgrün garnieren. Mit dem Reis servieren.

TIP

Der Wildreis ist eine Graspflanze. Ursprungsland: Nordamerika. Er hat lange dünne, fast schwarze Körner. Wildreis benötigt eine längere Kochzeit als normaler Reis.

KABELJAU AUF GEMÜSE

(4 Portionen – Foto S. 51)

4 Scheiben Kabeljau
(je etwa 200 g)
2 EL (30 ml) Zitronensaft
2 Möhren (200 g)
100 g Knollensellerie
1 Zwiebel (50 g)
1 kleine Stange Porree (200 g)
5 g (1 gestr. TL) Butter
Salz, Pfeffer
125 ml (1/8 l) Gemüsebrühe
20 g Butter
Zitronensaft

Pro Portion: E: 36 g, F: 7 g, Kh: 7 g, kJ: 1322, kcal: 316

Den Fisch unter fließendem kaltem Wasser abspülen, trockentupfen, mit Zitronensaft beträufeln. Die Möhren putzen, schälen, waschen. Den Knollensellerie schälen, waschen. Die Zwiebel abziehen. Den Porree putzen, gründlich waschen. Das Gemüse in Streifen schneiden oder grob raspeln. Eine feuerfeste Form mit 1 Teelöffel Butter ausstreichen. Das Gemüse hineingeben, den Fisch darauf legen, mit Salz und Pfeffer bestreuen. Die Gemüsebrühe hinzugießen und die Form auf dem Rost in den Backofen schieben.
Ober-/Unterhitze: etwa 180 °C (vorgeheizt)
Heißluft: etwa 160 °C (nicht vorgeheizt)
Gas: Stufe 3 (vorgeheizt)
Garzeit: etwa 30 Minuten.
Den Fisch mit dem abgetropften Gemüse anrichten. Den Fischsud in einen Topf gießen, zum Kochen bringen, etwas einkochen lassen und die Butter in Flöckchen unterschlagen.
Die Sauce mit Salz, Pfeffer und Zitronensaft abschmecken, zu dem Fisch servieren.

GEGRILLTE DORADEN

(4 Portionen – Foto S. 50)
2 küchenfertige Doraden
(je etwa 600 g)
2 EL Zitronensaft, Salz
frisch gemahlener Pfeffer
2 Fenchelknollen (500 g)
2 EL (24 ml) Speiseöl
150 ml heißer Pernod

Pro Portion: E: 34 g, F: 10 g, Kh: 4 g, kJ: 1458, kcal: 349

Die Doraden unter fließendem kaltem Wasser abspülen, trokkentupfen, innen und außen mit Zitronensaft beträufeln und mit Salz und Pfeffer würzen. Die Fenchelknollen putzen, gründlich waschen und in längliche Stücke schneiden.
Die Doraden mit dem Fenchel füllen, mit kleinen Holzspießchen zusammenstecken und auf ein gefettetes Backblech legen. Mit Speiseöl bestreichen und das Blech unter den heißen Grill schieben. Die Fische 25–30 Minuten grillen, zwischendurch mit Öl bestreichen. Die Doraden mit dem heißen Pernod übergießen und flambieren.

PROVENZALISCHES PUTENRAGOUT

(4 Portionen – Foto S. 52)

500 g Putenbrustfilet
500 g Zucchini
400 g Auberginen
500 g enthäutete Tomaten
85 g schwarze Oliven (Glas)
2 EL (24 ml) Olivenöl
1 Knoblauchzehe
Salz, Pfeffer
2 TL gerebelter Rosmarin
125 ml (1/8 l) Rotwein
1/2 Bund Thymian

Pro Portion: E: 34 g, F: 11 g, Kh: 9 g, kJ: 1326, kcal: 318

Das Putenfilet unter fließendem kaltem Wasser abspülen, trockentupfen, in Würfel schneiden.
Zucchini und Auberginen putzen, waschen und kleinschneiden.
Die Tomaten halbieren, die Stengelansätze herausschneiden, entkernen. Die Oliven mit kaltem Wasser abspülen.
Das Fleisch in dem erhitzten Olivenöl anbraten. Die Knoblauchzehe abziehen und durchpressen, zu dem Fleisch geben. Das Gemüse hinzufügen, mit Salz, Pfeffer, Rosmarin würzen. Den Rotwein hinzugießen, zugedeckt etwa 15 Minuten schmoren lassen. Etwa 5 Minuten vor Beendigung der Garzeit die grob zerkleinerten Tomaten hinzufügen, mitgaren. Zum Schluß Oliven und Thymianblättchen miterhitzen.
Beilage: Reis oder Baguette.

Bitte beachten Sie, daß zusätzliche Beilagen in die Kalorien-Berechnung mit einzubeziehen sind. Siehe dazu evtl. auch die Nährwert-Tabelle ab Seite 138.

SCHWEINECURRY MIT PORREE

(4 Portionen – Foto S. 53)

500 g Schweinefilet
2–3 Zwiebeln (etwa 125 g)
1 gelbe Paprikaschote (200 g)
1 kg Porree
3 EL (36 ml) Speiseöl
1 geh. EL Currypulver
Salz
etwa 7 EL (100 ml)
Orangensaft
2 Knoblauchzehen
2 Scheiben frische Ingwerwurzel

Pro Portion: E: 29 g, F: 18 g, Kh: 10 g, kJ: 1435, kcal: 342

Das Fleisch unter fließendem kaltem Wasser abspülen, trockentupfen, in Streifen schneiden. Die Zwiebeln abziehen, halbieren, in Scheiben schneiden. Die Paprikaschote halbieren, entstielen, entkernen, die weißen Scheidewände entfernen, waschen, in Streifen schneiden. Den Porree putzen, das dunkle Grün bis auf 10 cm abschneiden, den Porree in Scheiben schneiden, gründlich waschen. Das Öl in einer großen Pfanne erhitzen, Filetstreifen und Zwiebelscheiben darin unter Wenden anbraten. Den Curry unterrühren, kurz durchbraten lassen (Currypulver darf nicht zu dunkel werden), mit Salz würzen. Den Orangensaft hinzufügen. Die Knoblauchzehen abziehen, die Ingwerwurzel schälen. Beide Zutaten würfeln, zu dem Fleisch geben, etwa 5 Minuten mitschmoren lassen, Paprikastreifen und Porreescheiben hinzufügen, das Schweinecurry in etwa 5 Minuten gar schmoren lassen, abschmecken.

REHMEDAILLONS MIT MELONENSPALTEN

(4 Portionen)

480 g Rehrückenfilet
Salz
frisch gemahlener Pfeffer
1/2 Ogenmelone (etwa 600 g)
1 kleine Birne (z. B. Williams Christ, 125 g)
200 g Pfifferlinge
1 Zwiebel (50 g)
20 g (2 gestr. EL) Butter
2 EL (24 ml) Speiseöl

Pro Portion: E: 29 g, F: 12 g, Kh: 12 g, kJ: 1234, kcal: 294

Das Filet in Medaillons von je etwa 60 g schneiden, etwas flachdrücken, von beiden Seiten mit Salz und Pfeffer würzen. Melone und Birne halbieren, schälen, entkernen, das Fruchtfleisch in feine Spalten schneiden. Die Pilze putzen, abreiben. Die Zwiebel abziehen, würfeln. Die Butter zerlassen, Zwiebel und Pfifferlinge darin andünsten, herausnehmen, warm stellen. Das Bratenfett abgießen. Das Speiseöl erhitzen, die Medaillons darin kurz von beiden Seiten anbraten. Die Medaillons auf vier Tellern anrichten, mit Pilzen und Zwiebeln bedecken, Melone und Birnenspalten dazu servieren.
Beilage: Fenchel mit Wildreis, Rezept Seite 92.

KALBSLEBER
MIT PFIRSICHEN

(4 Portionen – Foto S. 54)

400 g Pfirsichhälften (Dose)
4 Scheiben Kalbsleber (je 100 g)
10 g (1 gestr. EL) Butterschmalz
Salz, Pfeffer
125 ml (1/8 l) Fleischbrühe (Instant)
10 g (2 gestr. TL) Johannisbeergelee
1 EL (15 ml) Orangenlikör
Weinessig

Pro Portion: E: 22 g, F: 8 g, Kh: 26 g, kJ: 1199, kcal: 287

Die Pfirsiche gut abtropfen lassen, den Saft auffangen. Die Leber unter fließendem kaltem Wasser abspülen, trockentupfen. Das Butterschmalz in einer Pfanne erhitzen. Die Leberscheiben hineingeben und von beiden Seiten 3–4 Minuten braun braten. Mit Salz, Pfeffer würzen, warm stellen.
Den Bratensatz mit 125 ml Pfirsichsaft und der Fleischbrühe verrühren. Die Pfirsichhälften dazugeben, miterhitzen.
Die Sauce mit dem Orangenlikör, Johannisbeergelee und Weinessig abschmecken. Die Leberscheiben mit den Pfirsichhälften anrichten. Die Sauce dazu reichen.

PUTE
GÄRTNERIN

(4 Portionen)

400 g Putenschnitzel
1 EL (12 ml) Pflanzenöl
1/2 Stange Porree (Lauch, 100 g, vorbereitet)
1 Zwiebel (50 g), vorbereitet
230 g Champignons (Dose)
Meersalz
Paprika edelsüß oder Currypulver, Pfeffer
34 g (2 gestr. EL) saure Sahne (10 % Fett)

Pro Portion: E: 26 g, F: 5 g, Kh: 2 g, kJ: 732, kcal: 175

FLEISCHSPIESS MIT KRÄUTERREIS

Die Putenschnitzel evtl. unter fließendem kaltem Wasser abspülen, trockentupfen, in feine Streifen schneiden.
Das Öl erhitzen, die Fleischstreifen darin anbraten. Den Porree putzen, waschen und kleinschneiden. Die abgezogene Zwiebel fein würfeln. Die Champignons abtropfen lassen, die Flüssigkeit auffangen. Die Champignons mit Porree und Zwiebel zu dem Putenfleisch geben. Etwas von dem Pilzwasser dazugeben.
Mit Salz, Pfeffer, Paprika oder Curry würzen, in etwa 10 Minuten gar schmoren lassen. Zuletzt die saure Sahne unterrühren.

(1 Portion – Foto S. 55)

50 g Vollkorn- oder Parboiled-Reis, Salzwasser
100 g Filetsteak
100 g Zucchini
je 1/2 rote und gelbe Paprikaschote (je 125 g)
Salz, Pfeffer
gerebelter Thymian
Paprikapulver
1 TL (4 ml) Speiseöl
1 EL tiefgefrorene, gemischte Kräuter
1 EL Tomatenketchup (20 g)

Pro Portion: E: 27 g, F: 11 g, Kh: 23 g, kJ: 1335, kcal: 319

Den Reis in reichlich Salzwasser zum Kochen bringen, den Vollkornreis in etwa 35 Minuten und den Parboiled-Reis in 20 Minuten ausquellen lassen. Das Filetsteak unter fließendem kaltem Wasser abspülen, trockentupfen.
Das Gemüse putzen, waschen. Fleisch und Gemüse in Würfel schneiden.
Die Zutaten abwechselnd auf 2 Spieße stecken und würzen.
Die Fleisch-Gemüse-Spieße in erhitztem Öl rundherum etwa 10 Minuten braten.
Die Kräuter mit dem Reis vermengen, mit dem Ketchup zu den Spießen reichen.

RINDERFILET MIT BOHNEN

(1 Portion – Foto S. 56)

100 g Rinderfiletsteak
150 g tiefgefrorene Bohnen
gerebeltes Bohnenkraut
Salzwasser
100 g Tomaten
10 g Kräuterbutter
Salz, Pfeffer
gerebelter Majoran
1 Scheibe Vollkorntoast (30 g)

Pro Portion: E: 33 g, F: 14 g, Kh: 31 g, kJ: 1735, kcal: 415

Das Fleisch unter fließendem kaltem Wasser abspülen, trockentupfen.
Die Bohnen mit dem Bohnenkraut nach der Anweisung auf der Packung in Salzwasser garen.
Die Tomaten waschen, achteln.
Das Steak in der erhitzten Kräuterbutter von jeder Seite etwa 3 Minuten braten, herausnehmen.
Tomaten und abgetropfte Bohnen hinzufügen, in der Butter erhitzen, würzen.
Das Brot toasten, dazu reichen.

HÄHNCHEN-KEBAB

(4 Portionen – Foto S. 57)

600 g Hähnchenbrustfilet
2 Zwiebeln (100 g)
2 Knoblauchzehen
2 EL (24 ml) Erdnußöl
4 EL (60 ml) Soja-Sauce
2 EL Zitronensaft
2 TL Koriander, gemahlen
Salz, Pfeffer
Außerdem: Holzspieße

Pro Portion: E: 38 g, F: 8 g, Kh: 3 g, kJ: 985, kcal: 236

Das Hähnchenfleisch abspülen, trockentupfen, in mundgerechte Stücke schneiden.
Zwiebeln und Knoblauch abziehen, fein hacken und mit den übrigen Zutaten verrühren. Das Hähnchenfleisch mit der Marinade vermengen und etwa 7 Stunden im Kühlschrank durchziehen lassen.
Die Hähnchenstücke auf Spieße stecken, unter den Grill schieben und etwa 10 Minuten grillen.
Grillzeit: etwa 10 Minuten.
Beilage: Gemüse-Bulgur, Rezept Seite 92.

TRUTHAHN MIT GEMÜSE

(4 Portionen – Foto S. 58)

1 Truthahnoberkeule (800 g)
500 g Staudensellerie
250 g Möhren
1 EL (12 ml) Speiseöl
250 g geschälte Tomaten (Dose)
2 EL Tomatenmark (40 g)
Salz, Pfeffer
100 ml Rotwein
Oregano oder Thymian, gerebelt

Pro Portion: E: 39 g, F: 10 g, Kh: 11 g, kJ: 1294, kcal: 311

Das Fleisch unter fließendem kaltem Wasser abspülen, trockentupfen. Sellerie und Möhren putzen, schälen, waschen und in Scheiben schneiden.
Das Truthahnfleisch in dem erhitzten Öl rundherum anbraten. Die Tomaten mit der Flüssigkeit, Tomatenmark und Gewürze hinzufügen. Den Rotwein hinzugießen und etwa $1\,^{1}/_{2}$ Stunden schmoren lassen.
Etwa 25 Minuten vor Beendigung der Garzeit das Gemüse hinzufügen und mit Oregano oder Thymian würzen, garen lassen. Zum Schluß evtl. nochmals mit Salz und Pfeffer abschmecken.

Benutzen Sie nach Möglichkeit frisch gemahlenen Pfeffer. Eine interesante Würznote bietet eine bunte Pfeffermischung.

RINDERSTEAK, GEFÜLLT

(4 Portionen)

4 Rindersteaks (je etwa 120 g)
Meersalz, Pfeffer
1/2 Zwiebel (25 g)
1 TL (4 ml) Pflanzenöl
3 g (1 TL) Senf
20 g (1 EL) geriebener Meerrettich
3 EL feingehackte Kräuter (z. B. Basilikum oder Petersilie)
30 g (2 EL) Rahmfrischkäse mit Joghurt
200 g Pilze (z. B. Champignons oder Steinpilze)
10 g (2 gestr. TL) Butter
evtl. Basilikum

Pro Portion: E: 29 g, F: 12 g, Kh: 2 g, kJ: 1049, kcal: 251

Die Steaks unter fließendem kaltem Wasser abspülen, trockentupfen, evtl. etwas flachdrücken oder -klopfen. Mit Salz und Pfeffer würzen. Die abgezogene Zwiebel kleinhacken, in etwas erhitztem Öl andünsten, etwas abkühlen lassen. Mit Senf, Meerrettich, Kräutern und Käse vermengen. Die Masse auf die Steaks streichen. Die Fleischscheiben bis zur Hälfte zusammenklappen (evtl. mit einem Holzspießchen feststecken). Das restliche Öl erhitzen. Die Steaks von jeder Seite etwa 3 Minuten braten. Die Pilze putzen, waschen und in Scheiben schneiden. Die Butter zerlassen, die Pilze darin andünsten. Mit Salz würzen. Steaks und Pilze auf vorgewärmten Tellern anrichten und nach Belieben mit Basilikumblättern garnieren.

ENTENBRUST AUF CHINESISCHE ART

(4 Portionen – Foto S. 59)

600 g Entenbrustfilet
400 g Weißkohl
150 g Möhren
150 g frische Shii-Take-Pilze oder Austernpilze
1 EL (12 ml) Sesamöl
etwa 6 EL (100 ml) Sojasauce
125 ml Hühnerbrühe
50 ml trockener Sherry
Salz, Pfeffer, Zucker
Fünf-Gewürzpulver

Pro Portion: E: 34 g, F: 31 g, Kh: 8 g, kJ: 2135, kcal: 510

Die Entenbrüste unter fließendem kaltem Wasser abspülen, trockentupfen und in Streifen schneiden. Weißkohl und Möhren putzen, waschen, in Streifen bzw. Stifte schneiden. Die Pilze putzen, mit Küchenpapier abreiben, evtl. waschen und etwas kleinschneiden. Das Entenfleisch in dem erhitzten Sesamöl scharf anbraten, herausnehmen, warm stellen, das Gemüse 2 Minuten anbraten. Hühnerbrühe, Sojasauce und den Sherry hinzugießen und kräftig mit den Gewürzen abschmecken. Alles 4–5 Minuten schmoren lassen, evtl. nochmals mit Sojasauce abschmecken, das Fleisch zugeben, unterrühren und sofort servieren.
Beilage: Gebratene Nudeln oder Reis.

KRÄUTERROULADE MIT MÖHREN

(1 Portion – Foto S. 60)

1 dünnes Kalbsschnitzel (100 g)
Salz, Pfeffer
3 g (1 TL) Senf
2 EL tiefgefrorene, gemischte Kräuter
250 g Möhren
1 TL (4 ml) Speiseöl
75 ml Fleischbrühe (Instant)
50 g Nudeln
1 EL gehackte Petersilie

Pro Portion: E: 43 g, F: 13 g, Kh: 53 g, kJ: 2214, kcal: 528

Das Fleisch unter fließendem kaltem Wasser abspülen, trockentupfen, mit Salz und Pfeffer würzen und mit dem Senf bestreichen.
Die Kräuter daraufgeben, aufrollen und mit einem Holzstäbchen zusammenstecken. Die Möhren putzen, schälen, waschen und in Scheiben schneiden.
Das Fleisch in dem erhitzten Öl anbraten, die Möhrenscheiben hinzufügen, die Brühe angießen. Die Kräuterroulade 10–15 Minuten garen lassen. Die Nudeln in reichlich Salzwasser zum Kochen bringen und in etwa 8 Minuten garen.
Zum Schluß mit der gehackten Petersilie bestreuen. Die Nudeln dazu essen.

LAMM, TOSKANISCH

(6 Portionen)

1 1/2 kg Lammkeule
12 abgezogene Knoblauchzehen
2 EL (24 ml) Olivenöl
500 g Tomaten mit Saft (Dose)
getrockneter Rosmarin
Salz
Pfeffer
500 g feine Erbsen (frisch oder Tiefkühlware)

Pro Portion: E: 45 g, F: 32 g, Kh: 12 g, kJ: 2359, kcal: 563

Die Lammkeule waschen, trokkentupfen, mit den Knoblauchzehen spicken.
Das Öl im Schmortopf erhitzen und das Fleisch von beiden Seiten gut anbraten. Die Tomaten pürieren, zugeben.
Mit Rosmarin, Salz und Pfeffer würzen.
Das Fleisch im Backofen in etwa 1 1/2 Stunden gar schmoren.
Die Erbsen in etwas Salzwasser knapp gar kochen.
Kurz bevor das Fleisch gar ist, Erbsen dazugeben und kurz mitdünsten (höchstens 5 Minuten).

STEAKS MIT BANANEN

(4 Portionen)

2 Bananen (je 175 g)
20 g Butter
1/2 gestr. TL Currypulver
1/2 gestr. TL Paprika, edelsüß
4 Kalbssteaks (je etwa 125 g, gut 2 cm dick)
1 EL (12 ml) Speiseöl
1 Msp. Paprika edelsüß, Salz

Pro Portion: E: 26 g, F: 13 g, Kh: 11 g, kJ: 1199, kcal: 286

Die Bananen schälen, der Länge nach halbieren. Die Butter zerlassen, mit den Gewürzen verrühren. Einen Grillrost mit Alufolie belegen, die Bananenhälften mit der Hälfte der zerlassenen Butter bestreichen, unter den vorgeheizten Grill schieben, von jeder Seite grillen. Nach dem Umdrehen die Bananen mit der restlichen Butter bestreichen. Die gegrillten Bananen warm stellen.
Die Kalbssteaks unter fließendem kaltem Wasser abspülen, trockentupfen, leicht flachdrücken. Die Steaks auf den heißen Grillrost legen, unter den vorgeheizten Grill schieben.
Das Speiseöl mit Paprika verrühren. Die Steaks jeweils nach 1 Minute damit bestreichen. Die garen Steaks mit Salz bestreuen, mit den Bananenhälften auf einer vorgewärmten Platte anrichten.
Grillzeit für die Bananen: von jeder Seite etwa 2 Minuten
Grillzeit für die Steaks: von jeder Seite etwa 4 Minuten.
Beigabe: Apfel-Zwiebel-Rösti, Rezept siehe Seite 96.

HÄHNCHENBRUST MIT WILDREIS

(1 Portion – Foto S. 62)

50 g Wildreismischung
200 g Möhren
75 ml Gemüsebrühe (Instant)
75 g Hähnchenbrust
1 TL (4 ml) Speiseöl
Salz, Pfeffer
1 EL gehackte, glatte Petersilie

Pro Portion: E: 25 g, F: 14 g, Kh: 50 g, kJ: 1762, kcal: 421

Den Reis in kochendes Salzwasser geben, zum Kochen bringen und nach der Anweisung auf der Packung garen.
Die Möhren putzen, schälen, waschen kleinschneiden, in der erhitzten Brühe in 7–10 Minuten garen.
Das Fleisch in dem erhitzten Speiseöl rundherum anbraten, mit Salz und Pfeffer würzen.
Die Möhren mit der gehackten Petersilie bestreuen und mit dem Fleisch und dem Reis anrichten.

LAMM-KOTELETTS

(2 Portionen)

400 g Kartoffeln
400 g Grüne Bohnen
Bohnenkraut
Salzwasser
2 Lammkoteletts (je 75 g)
Salz, grober Pfeffer
Thymian, gerebelt
1 EL (12 ml) Olivenöl
5 g (1 gestr. TL) Butter
geriebene Muskatnuß
1 EL gehackte Petersilie

Pro Portion: E: 19 g, F: 31 g, Kh: 37 g, kJ: 2287, kcal: 545

Die Kartoffeln waschen, mit reichlich Wasser bedeckt zum Kochen bringen und in etwa 25 Minuten gar kochen lassen.
Die Bohnen putzen, evtl. abfädeln, waschen und in Stücke schneiden, mit dem gewaschenen Bohnenkraut in kochendes Salzwasser geben, zum Kochen bringen und 10–15 Minuten kochen lassen.
Die Lammkoteletts unter fließendem kaltem Wasser abspülen, trockentupfen, mit Salz, Pfeffer, Thymian würzen und in dem erhitzten Olivenöl von jeder Seite etwa 3 Minuten braten.
Die Kartoffeln abgießen, pellen, vierteln. Die Bohnen abgießen, mit Salz, Pfeffer, Muskatnuß würzen, mit der Butter und der Petersilie vermengen, sofort mit den Kartoffelvierteln und den Lammkoteletts servieren.

POCHIERTE EIER AUF TOMATEN

(4 Portionen – Foto S. 63)

1 Zwiebel (50 g)
20 g (2 gestr. EL) Butter
2 Knoblauchzehen
1 kg reife Fleischtomaten
Salz, Pfeffer
1 Bund Frühlingszwiebeln (270 g)
1 TL Balsam-Essig
5 EL Weißweinessig
8 Eier (Gew.-Kl. 4)

Pro Portion: E: 18 g, F: 17 g, Kh: 13 g, kJ: 1244, kcal: 298

Die Zwiebel abziehen, fein hakken. Die Butter zerlassen, die Zwiebel darin dünsten.
Die Knoblauchzehe abziehen, zerdrücken, mitdünsten lassen.

Die Tomaten kurze Zeit in kochendes Wasser legen (nicht kochen lassen), mit kaltem Wasser abschrecken, enthäuten, entkernen und den Stengelansatz herausschneiden.
Die Tomaten achteln, zu der Zwiebel-Knoblauch-Mischung geben, mit Salz und Pfeffer würzen, etwa 5 Minuten dünsten lassen.
Die Frühlingszwiebeln putzen, waschen, in feine Ringe schneiden. Kurz vor Beendigung der Garzeit unter die Tomaten mengen und mit Balsam-Essig abschmecken.
Für die pochierten Eier das Wasser mit dem Weißweinessig zum Kochen bringen. Die Eier einzeln in einer Kelle aufschlagen, vorsichtig in das kochende Wasser geben (bei Gas die Flamme klein stellen, bei Strom die Kochplatte auf 0 schalten). Die garen Eier mit einem Schaumlöffel herausnehmen, kurz in kaltes Wasser halten, ringsherum zu einer hübschen Form beschneiden.
Das Tomatengemüse als Kranz auf einer vorgewärmten Platte anrichten, die Eier in die Mitte setzen.

Garzeit für die Tomaten: etwa 5 Minuten.
Garzeit für die Eier: etwa 4 Minuten.
Beigabe: Bandnudeln.

HÄHNCHEN-GESCHNETZELTES

(4 Portionen – Foto S. 64)

3 Hähnchenbrustfilets (400 g)
300 Champignons
400 g Möhren
1 Stange Porree (300 g)
10 g (1 gestr. EL) Butterschmalz
1 EL Zitronensaft (15 ml)
150 g saure Sahne (10 % Fett)
Salz, Pfeffer
Paprika, edelsüß
1 Msp. gemahlener Kreuzkümmel, 1 Bund Kerbel

Pro Portion: E: 29 g, F: 7 g, Kh: 9 g, kJ: 934, kcal: 223

Die gewaschenen, abgetupften Hähnchenbrustfilets in feine Streifen schneiden.
Das Gemüse putzen, waschen und kleinschneiden. Das Fleisch in dem erhitzten Butterschmalz anbraten. Gemüse, Zitronensaft und saure Sahne hinzufügen, würzen und in etwa 10 Minuten garen lassen. Das Geschnetzelte zum Schluß mit dem gewaschenen, gehackten Kerbel bestreuen.

HACKSTEAK MIT BRAT-KARTOFFELN

(1 Portion – Foto S. 65)

75 g Beefsteakhack
Salz, Pfeffer
Knoblauchpulver
2 Zwiebeln (100 g)
200 g Kartoffeln
1 EL (12 ml) Speiseöl
100 g Tomaten
Schnittlauch, Petersilie

Pro Portion: E: 18 g, F: 19 g, Kh: 39 g, kJ: 1753, kcal: 418

Das Beefsteakhack würzen und zur Frikadelle formen.
Die Zwiebel abziehen, in Ringe schneiden.
Die Kartoffeln waschen, in reichlich Wasser zum Kochen bringen und in etwa 20 Minuten garen lassen, abgießen, pellen und in Scheiben schneiden.
Das Öl erhitzen, die Frikadelle darin mit den Zwiebel- und Kartoffelscheiben etwa 10 Minuten braten, würzen, mit Schnittlauch bestreuen. Mit den Tomatenscheiben und Petersilie anrichten.

TIP

Bitte beachten Sie, daß zusätzliche Beilagen in die Kalorien-Berechnung mit einzubeziehen sind. Siehe dazu evtl. auch die Nährwert-Tabelle ab Seite 138.

SCHNITZEL
MIT WIRSING

(1 Portion – Foto S. 66)

300 g Wirsingkohl
175 g Kartoffeln
5 g (1 gestr. TL) Butter
oder Margarine
100 ml Gemüsebrühe (Instant)
Kümmelpulver
75 g Schweineschnitzel
1 TL (4 ml) Speiseöl
Salz, grober Pfeffer

Pro Portion: E: 25 g, F: 15 g,
Kh: 35 g, kJ: 1637, kcal: 390

Den Kohl putzen, die Kartoffeln schälen, beide Zutaten waschen. Den Kohl in Streifen und die Kartoffeln in große Stücke schneiden. Das Fett erhitzen und Kohl und Kartoffeln darin anbraten, die Brühe hinzugießen und mit Kümmelpulver würzen und in etwa 15 Minuten garen lassen. Das Schnitzel unter fließendem kaltem Wasser abspülen, trockentupfen, in dem erhitzten Öl von beiden Seiten braten, mit Salz und grobem Pfeffer bestreuen und mit den Wirsing-Kartoffeln servieren.

PORREE-SPAGHETTI

(4 Portionen)

750 g Porree (Lauch)
400 g Spaghetti
4 l Salzwasser
10 g (1 gestr. EL) Butter
125 g gekochter Schinken
Salz
Pfeffer

Pro Portion: E: 22 g, F: 12 g,
Kh: 71 g, kJ: 2132, kcal: 508

Den Porree putzen, längs einschneiden, gründlich waschen und in lange Streifen schneiden. Die Spaghetti in dem kochenden Salzwasser zum Kochen bringen und in 8–10 Minuten garen. Etwa 3 Minuten vor Beendigung der Garzeit die Porreestreifen hinzufügen, mitgaren lassen, Spaghetti und Porree auf ein Sieb zum Abtropfen geben. Die Butter zerlassen, leicht bräunen lassen. Den Schinken in Streifen schneiden. Porree-Nudeln und Schinkenstreifen in der Butter schwenken und mit Salz und Pfeffer abschmecken.
Beigabe: Tomatensauce, s. „Gebratene Selleriescheiben", Seite 84.

PAPRIKA-NUDELN

(3 Portionen – Foto S. 67)

300 g Nudeln, z. B. Penne
je 1 rote, gelbe und grüne Paprikaschote (je 200 g)
5 g (1 gestr. TL) Butter oder Margarine
1 Paket Tomaten-Kräuter- oder Tomaten-Zwiebel-Sauce (370 g)
30 g (3 gestr. EL) Parmesan (40 % Fett)
1/2 Bund Basilikum

Pro Portion: E: 20 g, F: 7 g, Kh: 78 g, kJ: 2036, kcal: 486

Die Nudeln in reichlich kochendes Salzwasser geben, zum Kochen bringen und bißfest garen, abgießen.
Die Paprikaschoten halbieren, entstielen, entkernen, die weißen Scheidewände entfernen, die Schoten waschen und in Streifen schneiden.
Das Fett zerlassen und die Paprikastreifen darin andünsten. Die Tomatensauce hinzufügen und die Paprikastreifen in etwa 5 Minuten garen. Das Paprikagemüse über die Nudeln geben und mit dem Käse und Basilikumblättchen bestreuen.

NUDELN MIT HACKFLEISCHSAUCE

(4 Portionen – Foto S. 68)

150 g rote Linsen
400 ml Gemüsebrühe (Instant)
1 Zwiebel (50 g)
1–2 Knoblauchzehen
2 TL (8 ml) Speiseöl
300 g Rinderhackfleisch
Salz
Pfeffer aus der Mühle
1 kleine Dose (250 g) geschälte Tomaten
100 g Mais, tiefgekühlt oder aus der Dose
Cayenne- oder Chilipfeffer
ein paar Tropfen Tabasco
frischer oder getrockneter Oregano
400 g gedrehte Bandnudeln

Pro Portion: E: 40 g, F: 17 g, Kh: 101 g, kJ: 3132, kcal: 745

Die roten Linsen in Brühe zum Kochen bringen, in etwa 5 Minuten knapp bißfest garen.
Die Zwiebel abziehen und fein würfeln. Den Knoblauch abziehen, durch die Presse drücken. Zusammen im erhitzten Öl kurz andünsten.
Das Hackfleisch hinzufügen und unter Rühren so lange braten, bis es braun und krümelig wird. Mit Salz und Pfeffer würzen.
Die Dosentomaten zerkleinern und zusammen mit der Flüssigkeit und dem Mais zur Hackfleischmasse geben und erhitzen, dabei einen Teil der Flüssigkeit eindampfen lassen.
Die Hackfleischsauce mit Cayenne- oder Chilipfeffer und Tabasco scharf abschmecken. Erst kurz vor dem Servieren Linsen und den Oregano hinzufügen.
Reichlich Salzwasser zum Kochen bringen. Die Nudeln bißfest garen. Mit der Hackfleischsauce servieren.

BANDNUDELN
MIT GRÜNEN BOHNEN

(4 Portionen – Foto S. 69)

400 g Bandnudeln
500 g grüne Bohnen
75 g getrocknete Tomaten in Öl
3 Knoblauchzehen
schwarzer Pfeffer aus der Mühle
1 Bund Basilikum

Pro Portion: E: 17 g, F: 12 g, Kh: 73 g, kJ: 2064, kcal: 492

Salzwasser zum Kochen bringen. Die Bohnen putzen, abfädeln, waschen, in das Salzwasser geben, 3–5 Minuten kochen lassen. Die Nudeln zugeben, zum Kochen bringen, 8–10 Minuten kochen lassen.
Die Tomaten in Streifen und den abgezogenen Knoblauch in Scheiben schneiden, dabei das Öl der Tomaten aufheben. Beides in einer großen Pfanne in 2 Eßlöffel Öl von den Tomaten andünsten. Nudeln und Bohnen abgießen, in die Pfanne geben, mit Salz und Pfeffer würzen.
Die Basilikumblättchen abspülen, in Streifen schneiden und unterheben.

SPAGHETTI AL TONO

(4 Portionen – Foto S. 70)
2 Port.

- 180 ~~400 g~~ **Vollkornspaghetti**
- **Salzwasser**
- **2 TL (8 ml) Olivenöl**
- **1–2 Knoblauchzehen**
- **2 Zwiebeln (80 g)**
- 200 ~~**250 ml (1/4 l)**~~ **Gemüsebrühe (Instant)**
- **36 g (2 gestr. EL) Tomatenmark**
- **1 Lorbeerblatt**
- **1 Paket Tomatenstücke (500 g)**
- **Salz, Pfeffer**
- **gerebelter Majoran**
- **1 geh. TL Paprika edelsüß**
- **1 geh. TL Currypulver**
- 1 Bs ~~**2 Dosen**~~ **Thunfisch naturell (je 150 g)**
- **1 EL gehackte Petersilie**

Pro Portion: E: 29 g, F: 8 g, Kh: 64 g, kJ: 1940, kcal: 463

Die Spaghetti in kochendem Salzwasser zum Kochen bringen und 12–15 Minuten kochen, abtropfen lassen. Das Öl erhitzen und die abgezogenen, gewürfelten Zwiebeln und Knoblauchzehen darin andünsten.
Die Gemüsebrühe angießen, Tomatenmark, Lorbeerblatt, Tomatenstücke hinzufügen, mit Salz und Pfeffer würzen. Majoran, Paprika und Curry unterrühren, alles bei mittlerer Hitze etwa 10 Minuten sämig einkochen lassen.
→ vorher abtropfen lassen!
Den abgetropften, zerpflückten Thunfisch unterrühren. Die Sauce nochmals mit den Gewürzen abschmecken, mit Petersilie bestreuen.
Die Spaghetti mit der Sauce vermengen oder dazureichen.

MAKKARONI

MIT PAPRIKA-FEIGEN-SAUCE

(4 Portionen – Foto S. 71)

750 g Paprikaschoten (grün und rot)
100 g Staudensellerie
2 EL (24 ml) Olivenöl
einige EL Wasser
Salz, Pfeffer
3 reife Feigen (je 75 g)
400 g Makkaroni
3–4 l kochendes Salzwasser
1 EL (12 ml) Speiseöl

Pro Portion: E: 16 g, F: 12 g, Kh: 80 g, kJ: 2177, kcal: 519

Für die Sauce die Paprikaschoten halbieren, entstielen, entkernen, die weißen Scheidewände entfernen, die Paprikaschoten waschen, gut abtropfen lassen.
Den Staudensellerie putzen, waschen, abtropfen lassen.
Beide Zutaten in feine Würfel schneiden. Das Olivenöl in einer Pfanne erhitzen, das Gemüse hinzufügen, 10–15 Minuten dünsten lassen, dabei ab und zu umrühren, evtl etwas Wasser hinzufügen, die Gemüsesauce mit Salz, Pfeffer würzen.
Die Feigen schälen, in kleine Stücke schneiden, unter die Gemüsesauce rühren, die Sauce warm stellen.

Die Makkaroni in das kochende Salzwasser geben. Das Speiseöl hinzufügen, die Nudeln nach Packungsaufschrift garen, zwischendurch probieren.
Wenn die Makkaroni gar sind, den Garvorgang mit einem Schuß kaltem Wasser beenden, die Nudeln auf ein Sieb geben, abtropfen lassen, mit der Paprika-Feigen-Sauce vermengen.

TOMATEN-NUDELN

(4 Portionen – Foto S. 72)

400 g Korkenziehernudeln
reichlich Salzwasser
1,2 kg Fleischtomaten
1 Zwiebel (50 g)
1/2–1 Bund Salbei
1 EL (12 ml) Sonnenblumenöl
5 g (1 TL) Honig
4 Spritzer Tabasco
Salz

Pro Portion: E: 16 g, F: 6 g, Kh: 77 g, kJ: 1916, kcal: 458

Das Salzwasser zum Kochen bringen, die Tomaten kreuzweise einritzen, in das kochende Wasser tauchen und wieder abschrecken. Dann die Nudeln bißfest kochen.
Die Tomaten abziehen und den Stielansatz herausschneiden. Das Tomatenfruchtfleisch und die abgezogene Zwiebel würfeln. Salbeiblätter in Streifen schneiden. Zwiebeln und Salbei in einer Pfanne im Öl andünsten, Tomaten zufügen. Unter Rühren 2–3 Minuten köcheln lassen.
Mit Honig, Salz und Tabasco abschmecken. Nudeln abtropfen lassen und untermischen.

SPAGHETTI BERTANI

(4 Portionen – Foto S. 73)

3 EL (36 ml) Olivenöl
1 kleiner Zweig Rosmarin
1 kleine Pfefferschote
2 abgezogene Knoblauchzehen
500 g geschälte Tomaten (Dose)
10 Basilikumblätter
Salz
Pfeffer
400 g Spaghetti
40 g geriebener Parmesan (40 % Fett)

Pro Portion: E: 18 g, F: 14 g, Kh: 70 g, kJ: 2120, kcal: 506

Das Olivenöl mit dem gewaschenen Rosmarinzweig erhitzen. Die Pfefferschote und die Knoblauchzehen in dem Rosmarinöl dünsten. Sobald der Knoblauch goldgelb ist, den Rosmarinzweig und Knoblauch aus der Pfanne nehmen. Die etwas zerkleinerten Tomaten mit Saft zugeben, die Sauce 10 Minuten einkochen lassen.
Die gewaschenen Basilikumblätter in Streifen schneiden, zum Schluß hinzufügen. Pfefferschote entfernen. Mit Salz und Pfeffer abschmecken.
Die Spaghetti bißfest kochen, abgießen, abtropfen lassen, mit der Sauce mischen, mit dem Käse bestreuen und servieren.

PENNINI

(4 Portionen)

400 g Pennini
1 rote Paprikaschote (250 g)
2 Möhren (200 g)
2 Zucchini (200 g)
200 g Zuckerschoten
3 Frühlingszwiebeln (200 g)
2 EL (24 ml) Olivenöl
1 Packung Tomaten-Fruchtfleisch in Stücken (500 g)
Salz, Pfeffer, Paprika, edelsüß
gerebelter Oregano
feingeschnittener Schnittlauch
2 EL gehackte Petersilie

Pro Portion: E: 18 g, F: 9 g, Kh: 82 g, kJ: 2137, kcal: 509

Die Pennini in reichlich Salzwasser zum Kochen bringen und nach der Packungsanweisung bißfest garen, abgießen. Die Paprikaschoten halbieren, entstielen, entkernen, die weißen Scheidewände entfernen, die Schoten waschen, in Streifen schneiden. Die Möhren putzen, schälen, waschen, Zucchini putzen, Stengelansätze abschneiden, beide Zutaten in feine Streifen schneiden. Die Zuckerschoten waschen, evtl. halbieren.
Die Frühlingszwiebeln putzen, waschen, in Ringe schneiden.
Das Öl in einem großen Topf erhitzen, Paprika- und Möhrenstreifen hinzufügen, etwa 5 Minuten unter Rühren darin dünsten lassen, das restliche Gemüse hinzufügen und weitere 5 Minuten dünsten, evtl. einige Eßlöffel Wasser hinzufügen.
Die Tomaten-Fruchstücke hinzufügen, miterhitzen und das Gemüse mit Salz, Pfeffer, Paprika und Oregano abschmecken, mit den Pennini, dem Schnittlauch und der Petersilie vermengen.

NUDEL-EIER-PFANNE

(1 Portion – Foto S. 74)

75 g Bunte Nudeln
je 1/2 rote und grüne Paprikaschote (je 125 g)
1 Ei (Gew.Kl. 4)
Salz, Pfeffer, Paprikapulver
1 TL (4 ml) Speiseöl
40 g (2 EL) Tomatenketchup

Pro Portion: E: 20 g, F: 13 g, Kh: 66 g, kJ: 2045, kcal: 488

Die Nudeln in reichlich Salzwasser zum Kochen bringen und in etwa 10 Minuten garen lassen, abgießen. Die Paprikaschoten entkernen, die Stengelansätze herausschneiden, die Schoten waschen und würfeln.
Das Ei verschlagen und mit Salz, Pfeffer, Paprikapulver würzen.
Das Öl erhitzen und die Paprikawürfel darin etwa 5 Minuten dünsten lassen, die Nudeln hinzufügen und weitere 5 Minuten mitdünsten.
Das Ei unterrühren und unter Rühren stocken lassen. Den Ketchup dazu essen.

NUDELN
MIT PILZEN

(1 Portion – Foto S. 32/33)

75 g Nudeln
200 g Champignons
100 g Zuckerschoten
5 g (1 TL) Butter oder Margarine
Salz, Pfeffer
1 EL gemischte, gehackte Kräuter
30 g Schnittkäse (30 % Fett)

Pro Portion: E: 25 g, F: 12 g, Kh: 65 g, kJ: 2059, kcal: 490

Die Nudeln in reichlich kochendes Salzwasser geben, zum Kochen bringen und bißfest garen, abgießen.
Pilze und Zuckerschoten putzen, waschen (Pilze evtl. nur trocken abreiben) und in dem erhitzten Fett etwa 5 Minuten dünsten lassen.
Mit Salz, Pfeffer würzen und mit der Petersilie unter die Nudeln mischen.
Den Käse würfeln und darauf geben.

PELLKARTOFFELN MIT ZUCCHINIQUARK

(1 Portion – Foto S. 76)

250 g Kartoffeln
200 g Zucchini
150 g Cremequark (0,2 % Fett)
Salz, Pfeffer
Knoblauchpulver
1 TL Zitronensaft

Pro Portion: E: 27 g, F: 0,9 g, Kh: 47 g, kJ: 1343, kcal: 320

Die Kartoffeln waschen, mit Wasser bedeckt zum Kochen bringen und in 20–25 Minuten gar kochen, abgießen, heiß pellen und in Scheiben schneiden. Die Zucchini putzen, waschen, eine halbe Zucchini in Scheiben schneiden, die restlichen grob raspeln. Die Zucchiniraspel mit dem Quark verrühren und mit Salz, Pfeffer, Knoblauchpulver und Zitronensaft pikant abschmecken, mit den Zucchinischeiben anrichten. Zu den Kartoffeln essen.

WÜRZIGER ROTKOHL

(4 Portionen)

750 g Rotkohl
2 Zwiebeln (100 g)
1 1/2 EL (18 ml) Speiseöl
250 g Äpfel, vorbereitet
4 EL (60 ml) Weinessig
1 Tasse (150 ml) Wasser
1 Lorbeerblatt
2 Gewürznelken
4–5 Wacholderbeeren
Piment, gemahlen
Salz, Pfeffer, Zucker

Pro Portion: E: 3 g, F: 5 g, Kh: 13 g, kJ: 486, kcal: 115

STAUDENSELLERIE-SALAT MIT ÄPFELN

Den Rotkohl von welken Blättern befreien, waschen. Den Strunk herausschneiden.
Die Zwiebel abziehen, würfeln, in dem Öl andünsten. Die Äpfel schälen, vierteln, entkernen. Rotkohl und Äpfel sehr fein hobeln, zu den Zwiebeln geben, andünsten.
Essig, Wasser und Gewürze hinzufügen, bei schwacher Hitze 45 Minuten gar dünsten lassen. Ab und zu umrühren. Den Kohl mit Salz, Pfeffer und Zucker abschmecken.

(4 Portionen – Foto S. 77)

1/2 Kopf Krause Endivie (200 g)
500 g Staudensellerie
2 mittelgroße Äpfel (250 g)
150 g cremiger Joghurt (1,5 % Fett)
etwa 30 g (1–2 EL) geriebener Meerrettich (Glas)
3–4 EL (etwa 50 ml) Zitronensaft
Salz, Pfeffer, Zucker
100 g saure Sahne (10 % Fett)

Pro Portion: E: 5 g, F: 4 g, Kh: 16 g, kJ: 441, kcal: 106

Von der Endivie Wurzeln und äußere Blätter abschneiden. Den Salat gründlich waschen, gut abtropfen lassen. Eine Salatschüssel mit den Endivienblättern auslegen. Den Staudensellerie putzen, harte Fäden an der Außenseite der Stengel abziehen, die Stengel waschen, in dünne Scheiben schneiden. Die Äpfel waschen, achteln, entkernen, in dünne Scheiben schneiden. Für die Salatsauce den Joghurt mit Meerrettich und Zitronensaft verrühren und mit Salz, Pfeffer und Zucker würzen. Die saure Sahne unterheben. Die Salatzutaten mit der Sauce vermengen, auf den Endivienblättern anrichten.

RATATOUILLE

AUS DEM RÖMERTOPF

(4 Portionen – Foto S. 78)

350 g Auberginen,
350 g Zucchini
500 g Tomaten,
1 Zwiebel (50 g)
1 EL (12 ml) Pflanzenöl
2 Knoblauchzehen
1 EL Rosmarinnadeln
Thymian, gerebelt
100 g schwarze Oliven
40 g Pinienkerne
Pfeffer, Salz
1 EL geh. Zitronenmelisse

Pro Portion: E: 6 g, F: 12 g, Kh: 10 g, kJ: 754, kcal: 181

Die Auberginen waschen, trockentupfen. Die Stengelansätze entfernen. Von den Zucchini die Enden abschneiden. Die Zucchini waschen, trockentupfen. Beide Zutaten in Scheiben schneiden.
2 Tomaten waschen, halbieren, Stengelansätze herausschneiden und in Scheiben schneiden, mit Salz und Pfeffer sowie Rosmarin und Thymian bestreuen, beiseite stellen.
Die restlichen Tomaten an der Oberseite einritzen, kurze Zeit in kochendes Wasser legen (nicht kochen lassen), in kaltem Wasser abschrecken. Die Tomaten enthäuten. Die Stengelansätze herausschneiden. Die Tomaten in kleine Würfel schneiden. Die Zwiebel abziehen, halbieren, in feine Würfel schneiden, in dem erhitzten Öl glasig dünsten lassen. Tomatenviertel, Auberginen- und Zucchinischeiben hinzufügen, kurz andünsten.
Die Knoblauchzehen abziehen, durch eine Knoblauchpresse drücken oder in feine Scheiben schneiden, mit wenig Salz bestreuen, mit der Messerklinge fein zerdrücken. Das Gemüse mit Knoblauch, Rosmarin, Thymian, Pfeffer und Salz kräftig würzen, in den Tontopf schichten, die Tomatenscheiben und Oliven mit einschichten. Alles mit den Pinienkernen bestreuen und in den Backofen stellen.
Ober-/Unterhitze: 200 °C
Heißluft: 180 °C
Gas: Stufe 3–4
Garzeit: 35–40 Minuten.
Mit Zitronemelisse bestreuen.

BLATTSPINAT MIT PILZEN

(2 Portionen – Foto S. 79)

500 g frischer Spinat
1 Zwiebel (60 g)
4 TL (16 ml) Pflanzenöl
200 g frische Champignons
1–2 Knoblauchzehen
geriebene Muskatnuß oder Koriander, gemahlen
Pfeffer, Salz

Pro Portion: E: 9 g, F: 9 g, Kh: 4 g, kJ: 578, kcal: 137

Den Spinat verlesen, 3–4 mal sorgfältig waschen, abtropfen lassen. Große Blätter etwas zerpflücken.
Die Zwiebel abziehen, halbieren, in feine Würfel schneiden. Die Pilze putzen, waschen, abtropfen lassen, in Scheiben schneiden.
Die Zwiebelwürfel in 2 Teelöffel Öl in einem breiten Topf goldgelb dünsten. Den Spinat hinzufügen, unter ständigem Wenden in etwa 1 Minute gar dünsten lassen. Mit den abgezogenen, fein zerdrückten Knoblauchzehen, Muskat oder Koriander, Pfeffer und Salz würzen. Den Spinat aus dem Topf nehmen, warm stellen.
Das übrige Öl in dem Topf erhitzen. Die Pilze hinzufügen, bei starker Hitze ebenfalls unter ständigem Wenden etwa 1 Minute braten. Mit Muskat oder Koriander, Pfeffer und Salz würzen. Spinat und die Pilze mischen. Mit Pfeffer und Salz abschmecken, sofort servieren.

FENCHEL-ORANGEN-SALAT

(4 Portionen – Foto S. 80)

2 Fenchelknollen (600 g)
2 Orangen (400 g)
1 Zwiebel (50 g)
Meersalz
Pfeffer, Zucker
1–2 EL (12–24 ml) Weißweinessig
2 EL (24 ml) Olivenöl

Die Fenchelknollen putzen, schlechte Stellen und Stielansätze entfernen, waschen, abtupfen und in hauchdünne Scheiben schneiden.
Die Orangen schälen, die Filets zwischen den Trennwänden herausschneiden.
Die Zwiebel abziehen, in feine Streifen schneiden. Salz, Pfeffer, Zucker, Essig und Öl verrühren, über die Salatzutaten träufeln.

Pro Portion: E: 4 g, F: 7 g, Kh: 12 g, kJ: 557, kcal: 133

KÄSE-GEMÜSE

(2 Portionen – Foto S. 81)

350 g Rosenkohl
200 g Möhren
10 g (1 gestr. EL) Butter
200 ml Gemüsebrühe (Instant)
50 g Schnittkäse (30 % Fett)
6 g (1 TL) Sonnenblumenkerne

Pro Portion: E: 15 g, F: 11 g, Kh: 11 g, kJ: 873, kcal: 209

Rosenkohl und Möhren putzen. Die Möhren schälen, waschen, in Scheiben schneiden. Den Rosenkohl gründlich waschen und am Strunk kreuzförmig einschneiden. Die Butter zerlassen, das Gemüse kurz darin andünsten, die Brühe hinzugießen. Das Gemüse in 15–20 Minuten garen lassen. Den Käse in feine Streifen schneiden und mit den Sonnenblumenkernen auf das Gemüse geben. Das Gemüse zu Kartoffeln oder Reis reichen.

Fenchel läßt sich vielseitig zubereiten. Roh als Salat oder gedünstet und überbacken als Gemüse. Er hat einen anisartigen Geschmack. Als Rohkost ist er besonders zu empfehlen in Verbindung mit Früchten (Orangen, Äpfel, Birnen) und als Gemüse mit Tomaten, Staudensellerie und Käse.

SESAMKOHL MIT EI

(1 Portion – Foto S. 81)

1 gekochtes Ei (Gew.-Kl. 4)
300 g Wirsing
200 g Kartoffeln
5 g (1 gestr. TL) Margarine
125 ml (1/8 l) Gemüsebrühe (Instant)
Salz, Pfeffer
geriebene Muskatnuß
3 g (1 TL) Sesamsamen

Pro Portion: E: 18 g, F: 13 g, Kh: 40 g, kJ: 1534, kcal: 365

Das Ei pellen, halbieren. Den Wirsing putzen. Die Kartoffeln schälen. Beide Zutaten kleinschneiden und in der zerlassenen Margarine andünsten. Die Brühe hinzugießen und etwa 15 Minuten dünsten lassen.
Das Gericht mit Salz, Pfeffer und Muskatnuß würzen, mit Sesam bestreuen und das Ei dazu essen.

MÖHREN-GEMÜSE

(4 Portionen)

1 kg Möhren
10 g (1 gestr. EL) Butter
Salz, Pfeffer
5 g (1 gestr. TL) Zucker
100 ml Gemüsebrühe (Instant)
2 EL gehackte Petersilie

Pro Portion: E: 2 g, F: 3 g, Kh: 12 g, kJ: 352, kcal: 84

BUNTER BLATTSALAT

Die Möhren putzen, schälen, waschen, in Scheiben schneiden. Die Butter zerlassen und die Möhren kurz darin andünsten. Die Gemüsebrühe, Salz, Pfeffer, Zucker hinzufügen und die Möhren in etwa 10 Minuten gar dünsten lassen.
Die Möhren nochmals abschmekken und mit der Petersilie bestreuen.

Nach diesem Rezept kann auch Kohlrabi-Gemüse zubereitet werden. Anstelle von Zucker wird dann mit geriebener Muskatnuß gewürzt.
Möhren- oder Kohlrabigemüse kann zu allen Fleischgerichten serviert werden.

(4 Portionen – Foto S. 83)

1 Knoblauchzehe
1 Schalotte (40 g)
3 EL (45 ml) Weinessig
3 g (1 TL) Senf
2 EL (24 ml) Walnußöl
Salz, Pfeffer, Zucker
1 Radicchio (125 g)
100 g Löwenzahnblätter
1 Chicoree (150 g)
1 kleinen Friseesalat
(nur das Herzstück, 150 g)
50 g Frühstücksspeck (Bacon)

Pro Portion: E: 3 g, F: 14 g, Kh: 5 g, kJ: 709, kcal: 170

Knoblauch und Schalotte abziehen, zerdrücken, mit Weinessig und Senf verrühren. Das Öl unterschlagen, so daß eine cremige Sauce entsteht, mit Salz und Pfeffer abschmecken.
Den Salat verlesen, waschen, trockenschleudern, in mundgerechte Stücke zupfen. Den Frühstücksspeck in sehr feine Streifen schneiden, bei schwacher Hitze knusprig braten. Salat und Sauce gut vermengen, den heißen Speck ohne das Fett darüber geben. Den Salat sofort servieren, damit die Salatblätter nicht weich und unansehnlich werden.
Den bunten Blattsalat als Vorspeise oder Beilage zu Fleisch- und Fischgerichten reichen.

GEBRATENE SELLERIESCHEIBEN

(4 Portionen – Foto S. 84)

1 Sellerieknolle (700 g)
1 Zwiebel (50 g)
1 Knoblauchzehe
5 g (1 gestr. TL) Butter oder Margarine
1 Paket passierte Tomaten (500 g)
Salz, Pfeffer
gerebelter Oregano
4 TL (16 ml) Speiseöl
1 EL feingeschnittener Schnittlauch
100 g Lachsschinken

Pro Portion: E: 4 g, F: 6 g, Kh: 18 g, kJ: 766, kcal: 182

Die Sellerieknolle schälen, waschen, in Scheiben schneiden, in kochendes Salzwasser geben und in etwa 10–15 Minuten garen. Zwiebel und Knoblauchzehe abziehen und würfeln, in dem zerlassenen Fett andünsten. Das Tomatenpüree hinzufügen, mit den Gewürzen abschmecken und einige Minuten kochen lassen. Die Selleriescheiben in dem erhitzten Öl von beiden Seiten braten. Die Tomatensauce über die Selleriescheiben geben, mit den Schnittlauchröllchen bestreuen. Den Lachsschinken dazu essen. Evtl. mit Pellkartoffeln servieren.

GURKEN-SALAT

(4 Portionen)

1 Salatgurke (etwa 700 g)
1 Zwiebel (50 g)
200 g cremiger Joghurt (1,5 % Fett)
1 EL (15 ml) Estragon-Essig
3 g (1 TL) mittelscharfer Senf
Salz, Pfeffer, Zucker
4–5 EL gehackter Dill

Pro Portion: E: 3 g, F: 1 g, Kh: 5 g, kJ: 192, kcal: 45

ROTKOHL-ROHKOST

Die Gurke schälen oder waschen, in dünne Scheiben schneiden oder hobeln.
Für die Salatsauce die Zwiebel abziehen, würfeln, mit dem Joghurt, Essig, Senf, Salz, Pfeffer und Zucker verrühren. Den Dill unterrühren. Die Salatsauce mit den Gurkenscheiben vermengen, 10–15 Minuten durchziehen lassen, evtl. nochmals mit Salz, Pfeffer und Zucker abschmecken.

(4 Portionen – Foto S. 85)

600 g Rotkohl
2 Orangen (450 g)
1 Banane (150 g)
300 g Joghurt (1,5 % Fett)
1 EL (12 ml) Nußöl
2 EL Schnittlauchröllchen
Salz, Pfeffer
15 g gehackte Pinienkerne

Pro Portion: E: 7 g, F: 6 g, Kh: 21 g, kJ: 750, kcal: 179

Den Rotkohl putzen, waschen, sehr fein hobeln. Die Orangen bis auf das Fruchtfleisch schälen, die Orangenfilets aus den Trennhäuten schneiden. Die Banane schälen, mit dem Joghurt und Nußöl im Mixer pürieren, mit dem Schnittlauch verrühren, mit Salz und Pfeffer würzen. Rotkohl mit Orangen mischen, die Sauce darüber gießen, mit den Pinienkernen bestreuen.
Rotkohl-Rohkost als Vorspeise reichen.

DILL-BOHNEN

(2 Portionen)

250 g Möhren
1 Paket tiefgefrorene Dicke Bohnen (300 g)
300 ml Gemüsebrühe (Instant)
1 EL (15 ml) Crème fraîche
1 EL gehackter Dill
Salz, Pfeffer

Pro Portion: E: 17 g, F: 5 g, Kh: 33 g, kJ: 1072, kcal: 257

Die Möhren putzen, schälen, waschen und kleinschneiden. Mit den Bohnen in der Brühe zum Kochen bringen und in 12–15 Minuten garen lassen. Crème fraîche und den gehackten Dill hinzufügen und mit Salz und Pfeffer abschmecken, zu Fleischgerichten servieren.

PORREE, GRIECHISCH

(4 Portionen)

1 kg Porree (10 dünne Stangen)
125 ml (1/8 l) Wasser
125 ml (1/8 l) trockener Weißwein
5–6 EL (75 ml) Zitronensaft
5 EL (60 ml) Olivenöl
3–4 Thymianzweige
10 Zweige glatte Petersilie
1 EL Korianderkörner
6 Lorbeerblätter
Salz
schwarzer Pfeffer

Pro Portion: E: 3 g, F: 15 g, Kh: 6 g, kJ: 856, kcal: 204

Den Porree putzen, das dunkle Grün bis auf etwa 10 cm entfernen. Die Porreestangen längs einschneiden, gründlich waschen, mit Küchengarn zu kleinen Bündeln zusammenbinden. Das Wasser mit dem Wein, Zitronensaft und Öl vermengen.
Die Kräuter vorsichtig abspülen, abtropfen lassen, die dickeren Petersilienstengel entfernen, die Kräuter mit dem Koriander, Lorbeerblättern, Salz, Pfeffer in die Flüssigkeit geben, zum Kochen bringen, etwa 10 Minuten kochen lassen. Die Porreebündel hineingeben, zum Kochen bringen, in etwa 10–15 Minuten gar dünsten, in der Flüssigkeit erkalten lassen, mit einem Schaumlöffel herausnehmen.
Das Küchengarn entfernen, die Porreestangen auf einer Platte anrichten, mit etwas von der erkalteten Flüssigkeit übergießen. Als Vorspeise servieren.

TOMATEN-SALAT

(6 Portionen – Foto S. 87)

6 Fleischtomaten (900 g)
2 abgezogene Zwiebeln (100 g)
4 abgezogene Knoblauchzehen
1 Bund gehackte, glatte Petersilie
25 g (3 EL) Kapern
40 g schwarze Oliven
Salz, Pfeffer
2 EL (24 ml) Olivenöl

Pro Portion: E: 2 g, F: 5 g, Kh: 5 g, kJ: 335, kcal: 80

Die Tomaten waschen, die Stengelansätze herausschneiden, die Tomaten in Scheiben schneiden und auf einer Platte anrichten. Zwiebeln fein würfeln und den Knoblauch in dünne Scheiben schneiden. Beide Zutaten mit Petersilie, Kapern und Oliven auf die Tomatenscheiben geben. Mit Salz und Pfeffer würzen, mit dem Olivenöl beträufeln.

Nach Belieben das Olivenöl mit 2–3 Eßlöffeln Balsam-Essig verrühren, bevor es auf die Tomaten gegeben wird.

PAPRIKA, ITALIENISCHE ART

(6 Portionen – Foto S. 88)

1 kg Paprikaschoten (rot und grün)
500 g kleine Zwiebeln oder Schalotten
kochendes Wasser
3 EL (36 ml) kaltgepreßtes Olivenöl
500 g Tomaten
4 EL Balsam-Essig
Kräutersalz, Pfeffer
1 Knoblauchzehe
250 g Magerquark
2–3 EL Milch (1,5 %)
1 EL Basilikum- oder Oreganoblättchen

Pro Portion: E: 9 g, F: 7 g, Kh: 13 g, kJ: 667, kcal: 159

Die Paprikaschoten halbieren, entstielen, entkernen, die weißen Scheidewände entfernen, die Schoten waschen, in Stücke schneiden. Zwiebeln oder Schalotten mit kochendem Wasser übergießen, etwa 5 Minuten stehen lassen, abziehen, halbieren. Das Olivenöl erhitzen, Zwiebelhälften und Paprikastücke etwa 10 Minuten darin dünsten lassen, evtl. etwas Wasser zugeben. Tomaten kurze Zeit in kochendes Wasser legen (nicht kochen lassen), in kaltem Wasser abschrekken, enthäuten, die Stengelansätze herausschneiden, die Tomaten vierteln, mit dem Essig zu Paprika und Zwiebeln geben, mit Kräutersalz und Pfeffer würzen, das Gemüse zugedeckt etwa 5 Minuten dünsten lassen, auf eine Platte geben, etwas abkühlen lassen.
Die Knoblauchzehe abziehen, zerdrücken, mit Quark und Milch verrühren, auf das Gemüse geben, mit den gewaschenen Kräutern garnieren.

Paprika, italienische Art, kann als Gemüse zu Reis, Nudeln oder Kartoffelklößchen (Gnocchi) gereicht werden. (Bitte beachten Sie, zusätzliche Beilagen in die Karolien-Berechnung mit einzubeziehen.)
Das Gemüse kann auch kalt als Vorspeise oder kleine Abendmahlzeit gereicht werden.

ZITRONENCOUSCOUS MIT KRESSE

TIP

Couscous ist ein vorbehandelter Weizengrieß. Ursprungsland: Nordafrika. Couscous kann mit vielen Fleisch- und Gemüse-Sorten kombiniert werden. Verwendung wie Reis.

(4 Portionen – Foto S. 89)

200 g Couscous-Grieß
1 EL (12 ml) Olivenöl
500 ml (1/2 l) Wasser
2 Knoblauchzehen
geschnittene Schale von
1 Zitrone (unbehandelt)
1 gestr. TL Salz
Zitronenpfeffer
2 EL (30 ml) Zitronensaft
1 Kästchen Kresse (25 g)

Pro Portion: E: 5 g, F: 4 g, Kh: 31 g, kJ: 803, kcal: 192

Den Couscous-Grieß in Olivenöl anrösten, mit Wasser ablöschen und zum Kochen bringen. Die Knoblauchzehen abziehen, zusammen mit der Hälfte der Zitronenschale und Salz zum Couscous geben, nach der Gebrauchsanweisung auf der Packung ausquellen lassen. Knoblauch und Zitronenschale entfernen, mit Zitronenpfeffer und Zitronensaft vermischen. Die Kresse abschneiden, unter fließendem, kaltem Wasser waschen, trockentupfen. Die restliche Zitronenschale in feine Streifen schneiden. Den Couscous zu einem Hügel auftürmen und mit der restlichen Zitronenschale bestreuen, mit Kresse garnieren.

KARTOFFELKLÖSSE MIT LAUCHSTREIFEN

(12 Stück – 6 Portionen – Foto S. 90)

500 g Porree (Lauch)
10 g (1 gestr. EL) Butter
Salz, Pfeffer
1¼ kg Kartoffeln
250 ml (¼ l) Milch (1,5 % Fett)
5 g (1 gestr. TL) Butter
100 g Weizengrieß
3 l Salzwasser

Pro Portion: E: 8 g, F: 2 g, Kh: 47 g, kJ: 1047, kcal: 249

Den Lauch putzen, längs halbieren, gründlich waschen, in feine Streifen schneiden. Die Butter zerlassen und die Lauchstreifen darin 4–6 Minuten dünsten, mit Salz und Pfeffer abschmecken, auf ein Sieb geben, abtropfen und erkalten lassen. Die Kartoffeln schälen, waschen, nicht zu fein reiben und in einem Küchentuch gut auspressen.

Die Milch mit der Butter zum Kochen bringen, den Weizengrieß unter Rühren einstreuen und bei schwacher Hitze etwa 1 Minute unter Rühren garen, von der Kochstelle nehmen und abgedeckt weitere 5 Minuten ausquellen lassen.

Die geriebenen Kartoffeln unter den heißen Grieß kneten (am besten mit einem Handrührgerät mit Knethaken), die Masse mit Salz abschmecken und die Lauchstreifen unterheben.

Aus der Kartoffelmasse mit nassen Händen 12 Klöße formen, in das kochende Salzwasser geben, zum Kochen bringen und bei schwacher Hitze in etwa 20 Minuten gar ziehen lassen. Die Klöße mit einer Schaumkelle herausnehmen.

KARTOFFELPÜREE, FLÄMISCH

(4 Portionen – Foto S. 91)

1 kg Kartoffeln (mehligkochend)
Salzwasser
300 g Sauerampfer oder Blattspinat
10 g (1 gestr. EL) Butter
2 große Zwiebeln (125 g)
Meersalz, Pfeffer
geriebene Muskatnuß
125 ml (⅛ l) Milch (1,5 % Fett)
evtl. etwas warme Milch

Pro Portion: E: 8 g, F: 3 g, Kh: 41 g, kJ: 960, kcal: 229

Die Kartoffeln schälen, waschen, in Stücke schneiden, in kochendem Salzwasser zum Kochen bringen und in 15–20 Minuten gar kochen, abgießen, abdämpfen und sofort heiß durch die Kartoffelpresse drücken oder zerstampfen.

Den Sauerampfer (Blattspinat) verlesen, gründlich waschen, abtropfen lassen.

Die Zwiebeln abziehen, würfeln, in der zerlassenen Butter andünsten. Den Sauerampfer (Blattspinat) hinzufügen, so lange darin erhitzen, bis das Gemüse zusammenfällt.

Kartoffelbrei und Gemüse gut miteinander vermengen und das Püree mit Meersalz, Pfeffer, Muskatnuß würzen. Die Milch kurz erhitzen, unter den Brei rühren. Evtl. noch etwas warme Milch hinzufügen.

FENCHEL
MIT WILDREIS

(4 Portionen – Foto S. 92)

4 kleine Fenchelknollen (je 300 g)
Salz
100 g Wildreis
100 g Langkornreis
1 Schalotte (30 g)
10 g (1 gestr. EL) Butter
2 cl Sherry
Pfeffer
10 g Pinienkerne (ohne Fett in einer Pfanne geröstet)

Pro Portion: E: 13 g, F: 5 g, Kh: 50 g, kJ: 1212, kcal: 289

Den Fenchel putzen, die Knollen in Salzwasser etwa 20 Minuten garen. Den Wildreis in kochendes Salzwasser geben, nach 20 Minuten den Langkornreis dazugeben und noch 20 Minuten kochen. Den Reis abtropfen lassen. Den Fenchel halbieren, aushöhlen. Das Innere würfeln. Die Schalotte abziehen, würfeln, in der zerlassenen Butter mit dem Fenchelfleisch andünsten. Den Reis dazugeben, mit Sherry, Salz, Pfeffer und Fenchelgrün würzen und in die Hälften füllen, mit den Pinienkernen bestreut servieren.

GEMÜSE-BULGUR

(2 Portionen)

125 g Porree (Lauch)
125 g Möhren
100 g Bulgur
1 EL (12 ml) Pflanzenöl
250 ml (1/2 l) Gemüsebrühe (Instant)
Kreuzkümmel, gemahlen
Muskatnuß, gerieben
Pfeffer
2 EL gehackte Petersilie
wenig Salz

Pro Portion: E: 7 g, F: 8 g, Kh: 34 g, kJ: 1031, kcal: 246

Den Porree putzen, halbieren, waschen. Die Möhren schälen, waschen. Beide Zutaten in feine Streifen schneiden.
Das Weizenschrot in dem erhitzten Öl anrösten. Das Gemüse hinzufügen, kurz andünsten. Die Gemüsebrühe dazugießen.
Mit Kreuzkümmel, Muskat und Pfeffer würzen. Bei schwacher Hitze 10–15 Minuten garen.
Die Petersilie unter den Bulgur mischen. Evtl. mit wenig Salz abschmecken.

TIP

Bulgur ist ein Weizenschrot aus gekochtem, getrocknetem und dann gemahlenem Weizen. Bulgur wird anstatt Reis verwendet und ist im gesamten Vorderen Orient und im Mittelmeerraum sehr beliebt.

BASILIKUM-REIS

(2 Portionen – Foto S. 93)

1 Zwiebel (50 g)
1 TL (4 ml) Speiseöl
100 g Naturreis
250 ml (1/4 l) Salzwasser
Paprika edelsüß
Pfeffer
1 Bund Basilikum

Pro Portion: E: 4 g, F: 3 g, Kh: 38 g, kJ: 872, kcal: 208

Die abgezogene Zwiebel halbieren, in feine Würfel schneiden. Das Speiseöl erhitzen, die Zwiebelwürfel darin andünsten. Den Reis unterrühren, kurz rösten. Das Wasser dazugießen, mit Paprika und Pfeffer würzen. Zugedeckt bei geringer Energiezufuhr 30–35 Minuten bißfest garen. Das Basilikum abspülen, trockentupfen, Blättchen von den Stengeln zupfen, kleinschneiden. Vor dem Servieren das Basilikum unter den Reis heben.

MÖHREN-KARTOFFEL-PÜREE

(4 Portionen)

700 g Möhren
500 g Kartoffeln
Salzwasser
100 g saure Sahne (10 % Fett)
Salz, Pfeffer
geriebene Muskatnuß
2 EL gehackte Petersilie

Pro Portion: E: 5 g, F: 3 g, Kh: 27 g, kJ: 660, kcal: 157

Die Möhren putzen, Möhren und Kartoffeln schälen, waschen und in Würfel schneiden. Beide Zutaten in kochendes Salzwasser geben, zum Kochen bringen und in 10–15 Minuten garen lassen, abtropfen lassen (etwas von der Kochflüssigkeit auffangen).
Möhren und Kartoffeln pürieren und mit der sauren Sahne verrühren, mit Salz, Pfeffer und Muskatnuß würzen. Nach Bedarf einige Eßlöffel von der Kochflüssigkeit unterrühren.
Die Petersilie unterrühren.

GEMÜSE-NUDELN

(4 Portionen – Foto S. 95)

1 Möhre (125 g)
2 dünne, feste Zucchini (200 g)
1 dünne Stange Porree (Lauch, 200 g)
200 g Bandnudeln
5 g (1 gestr. TL) Butter
1 TL (4 ml) Olivenöl
Salz
gemahlener Pfeffer

Pro Portion: E: 8 g, F: 4 g, Kh: 37 g, kJ: 941, kcal: 225

Möhre, Zucchini und Porree putzen und waschen. Möhren, Zucchini und den hellen, zarten Teil des Porrees in feine Streifen schneiden. Die Bandnudeln in etwa 2 l kochendes Salzwasser geben, nach der Packungsanleitung kochen, abgießen und abtropfen lassen. Inzwischen Butter und Olivenöl in einer Pfanne erhitzen und die Gemüsestreifen darin etwa 4 Minuten unter Wenden dünsten, mit Salz und Pfeffer würzen.
Die abgetropften Nudeln sofort zum Gemüse geben und alles gut vermengen.

ITALIENISCHE KARTOFFEL-KLÖSSCHEN (GNOCCHI)

(4 Portionen)

600 g Kartoffeln (mehligkochend)
Wasser
150 g Weizenmehl
Salz
geriebene Muskatnuß
Salzwasser

Pro Portion: E: 7 g, F: 0,4 g, Kh: 49 g, kJ: 978, kcal: 238

Die Kartoffeln waschen und in 25–30 Minuten gar kochen, abgießen, kalt abspülen, pellen, sofort durch die Kartoffelpresse auf das gesiebte Mehl drücken, etwas abkühlen lassen. Salz und Muskat hinzugeben. Die Masse gut verkneten und zu daumendicken Rollen formen und in 2 cm lange Stücke schneiden. Nach Belieben mit einer bemehlten Gabel ein Muster eindrücken. Die Klößchen portionsweise in kochendes Salzwasser geben, zum Kochen bringen, in etwa 3 Minuten gar ziehen lassen. Mit einer Schaumkelle herausheben.

KÜMMEL-KARTOFFELN

(4 Portionen)

8 mittelgroße Kartoffeln (1,2 kg)
3 Knoblauchzehen
2 TL Kümmel
3 EL (36 ml) Sonnenblumenöl

Pro Portion: E: 6 g, F: 9 g, Kh: 45 g, kJ: 1238, kcal: 295

Die Kartoffeln unter fließendem kaltem Wasser gründlich bürsten, abtrocknen, der Länge nach halbieren. Die Knoblauchzehen abziehen, fein würfeln. Den Kümmel fein hacken. Beide Zutaten mit dem Sonnenblumenöl verrühren. Die Schnittfläche der Kartoffeln damit bestreichen, mit der Schnittfläche auf ein mit Alufolie belegtes Backblech setzen. Das Backblech in den Backofen schieben. Die Kartoffeln zwischendurch noch einmal mit dem gewürzten Öl bestreichen
Ober-/Unterhitze: etwa 220 °C (vorgeheizt)
Heißluft: etwa 200 °C (nicht vorgeheizt)
Gas: etwa Stufe 5 (vorgeheizt)
Backzeit: etwa 40 Minuten.
Die Kümmel-Kartoffeln nach Belieben mit Salz bestreuen.

APFEL-ZWIEBEL-RÖSTI

(2 Portionen)

100 g Zwiebeln
450 g festkochende Kartoffeln
1 Apfel (150 g)
1 EL Majoran, gerebelt
Muskatnuß, gerieben
Pfeffer, wenig Salz
2 EL (24 ml) Pflanzenöl

Pro Portion: E: 5 g, F: 12 g, Kh: 44 g, kJ: 1325, kcal: 315

Die Zwiebeln abziehen, halbieren, in feine Würfel schneiden. Die Kartoffeln schälen, waschen, trockentupfen. Den Apfel schälen, vierteln, entkernen.
Kartoffeln und Apfel grob raspeln. Die Zwiebelwürfel untermischen, mit Majoran, Muskat, Pfeffer und wenig Salz würzen.
In einer Pfanne das Öl erhitzen. Die Masse von beiden Seiten 12–15 Minuten goldgelb braten.

Je nach Größe der Pfanne die Kartoffel-Masse evtl. in 2 Portionen braten.

VOLLKORN-SPÄTZLE

(4 Portionen)

350 g Weizen-Vollkornmehl
3 Eier Gew.-Kl. 4
300 ml Milch (1,5 % Fett)
1 TL Salz
2 TL getrocknetes Basilikum
25 g gemahlene Haselnußkerne
1 Prise Muskatnuß
10 g (1 gestr. EL) Butter
1 Bund Basilikum

Pro Portion: E: 19 g, F: 14 g, Kh: 58 g, kJ: 1936, kcal: 462

Das Weizenvollkornmehl mit den Eiern und der Milch zu einem dickflüssigen Teig verrühren, mit Salz, Basilikum, Haselnüssen und Muskatnuß vermischen, 1 Stunde quellen lassen.
In einem großen Topf reichlich Wasser mit Salz zum Kochen bringen, eine Portion Teig in den Spätzlehobel oder Spätzledrücker füllen, in das kochende Wasser hobeln und warten, bis die Spätzle an der Oberfläche schwimmen, mit einem Schaumlöffel herausheben, in einem Sieb abtropfen lassen, kurz mit lauwarmem Wasser abspülen, warm stellen und bereits die nächste Partie ins kochende Wasser hobeln. So fortfahren, bis der Teig verbraucht ist. Die Butter in einer Pfanne zerlassen, Spätzle darin schwenken. Das Basilikum abspülen, trockentupfen, mit einer Schere in Streifen schneiden, unter die Spätzle ziehen.

MEXIKANISCHER REIS

(3 Portionen – Foto S. 97)

175 g Langkornreis
375 ml (3/8 l) Instant-Fleischbrühe
1 Zwiebel (50 g)
10 g (1 gestr. EL) Butter
1 Paprikaschote (etwa 250 g)
Salz, Pfeffer
evtl. etwas Wasser
etwa 135 g Gemüsemais (Dose)
1 EL gehackter Majoran oder Oregano

Pro Portion: E: 10 g, F: 7 g, Kh: 58 g, kJ: 1384, kcal: 330

Den Reis in die kochende Brühe geben, in etwa 15 Minuten ausquellen lassen. Die Zwiebel abziehen, würfeln, in der Butter andünsten. Die Paprikaschote halbieren, entkernen, die weißen Scheidewände entfernen, die Schote waschen, in Würfel schneiden, zur Zwiebel geben, andünsten, mit Salz und Pfeffer würzen, 5–10 Minuten dünsten, evtl. etwas Wasser hinzugeben. Den abgetropften Mais zugeben, erhitzen.
Das Gemüse mit dem Reis mischen, mit Salz und Pfeffer abschmecken. Majoran oder Oregano unterheben.

RHABARBER-SCHAUM

(4 Portionen – Foto S. 98)

750 g roter Rhabarber (ohne Blätter)
100 ml (1/10 l) Wasser
10 Dragees Süßstoff
flüssiger Süßstoff
250 ml (1/4 l) Rhabarbersaft
3 Blatt weiße Gelatine
250 g Magerquark
2 Eiweiß (Gew.-Kl. 4)
flüssiger Süßstoff
1 Pck. Vanillin-Zucker (10 g)

Pro Portion: E: 14 g, F: 3 g, Kh: 7 g, kJ: 540, kcal: 128

Den Rhabarber waschen, kleinschneiden, mit dem Wasser und den Süßstoff-Dragees etwa 20 Minuten dünsten lassen, mit flüssigem Süßstoff abschmecken. Die Rhabarberstücke in einem Sieb abtropfen lassen, pürieren. 250 ml Rhabarbersaft abmessen. Die Gelatine 10 Minuten in kaltem Wasser einweichen, im warmen Rhabarbersaft auflösen, in eine Schüssel gießen und kalt stellen.
Den Magerquark mit dem Rhabarberpüree cremig rühren, kalt stellen, fest werden lassen.
Eiweiß steif schlagen, unter weiterem Schlagen löffelweise kalten Rhabarberquark unterrühren, mit Süßstoff und Vanillin-Zucker abschmecken, auf das Rhabarbergelee geben und sofort servieren.

ERDBEEREN „KARDINAL"

(4 Portionen)

750 g Erdbeeren
30 g Zucker
250 ml (1/4 l) Rotwein

Pro Portion: E: 2 g, F: 0,7 g, Kh: 18 g, kJ: 527, kcal: 127

Die Erdbeeren waschen, gut abtropfen lassen, entstielen und mit Zucker bestreuen.
Die Früchte einige Zeit zum Saftziehen stehen lassen. Anschließend mit dem Wein übergießen und gut durchziehen lassen.
Die Erdbeeren in Cocktail-Gläsern anrichten.

PUTTÄPFEL (GEBRATENE ÄPFEL)

(8 Portionen)

8 mittelgroße Äpfel (1,2 kg)
20 g Butter
20 g Zucker
1 Pck. Vanillin-Zucker (10 g)
16 g (2 EL) gemahlene Mandeln
15 g (1 EL) in Rum eingeweichte Rosinen

Pro Portion: E: 1 g, F: 4 g, Kh: 19 g, kJ: 517, kcal: 123

Die Äpfel von Stiel und Blüte befreien, waschen, abtrocknen, nicht schälen, von der Blütenseite her ausbohren, aber nicht durchstechen.
Die Äpfel in eine gefettete Auflaufform oder auf feuerfeste kleine Teller setzen.
Für die Füllung die Butter mit Zucker, Vanillin-Zucker, Mandeln und eingeweichten Rosinen verrühren, mit einem Teelöffel in die Äpfel füllen, evtl. etwas Rum angießen, auf dem Rost in den Backofen schieben.
Ober-/Unterhitze: 200–220 °C (vorgeheizt)
Heißluft: 180–200 °C (nicht vorgeheizt)
Gas: Stufe 3–4 (vorgeheizt)
Backzeit: 30–45 Minuten.

BEEREN MIT HAUBE

(1 Portion – Foto S. 99)

150 g Beeren nach Wahl (frisch oder tiefgekühlt)
125 g Magerquark
50 ml Apfelsinensaft, frisch gepreßt
flüssiger Süßstoff

Pro Portion: E: 18 g, F: 1 g, Kh: 23 g, kJ: 781, kcal: 187

Die Beeren vorbereiten, auf einem Teller anrichten. Quark und Apfelsinensaft verrühren. Mit etwas Süßstoff abschmecken, über die Beeren verteilen.

APFEL-TRAUBEN-GELEE

(4 Portionen – Foto S. 100)

6 Blatt weiße Gelatine (10 g)
500 ml Apfelsaft, naturrein
je 150 g blaue und grüne Weintrauben
16 kleine Zitronenmelisseblättchen

Pro Portion: E: 3 g, F: 0,5 g, Kh: 22 g, kJ: 451, kcal: 108

Die Gelatine etwa 5 Minuten in kaltem Wasser einweichen, leicht ausdrücken, bei schwacher Hitze in einem kleinen Topf im Wasserbad auflösen, etwas abkühlen lassen, unter den Apfelsaft rühren, kalt stellen.
Die vorbereiteten Weintrauben halbieren, evtl. entkernen. Beginnt die Apfelsaftmasse zu stokken, Weintrauben und gewaschene Zitronenmelisseblättchen unterrühren.
Die Speise kalt stellen, damit sie fest wird.

ZITRONEN-CREME

(4 Portionen – Foto S. 101)

1 Päckchen Gelatine, gemahlen, weiß
5 EL kaltes Wasser
125 ml (1/8 l) heißes Wasser
3 Eigelb (Gew.-Kl. 4)
75 g Zucker
abgeriebene Schale von 1 Zitrone (unbehandelt)
125 ml Zitronensaft (von 3 Zitronen)
3 Eiweiß (Gew.Kl. 4)
50 g Zucker

Pro Portion: E: 7 g, F: 5 g, Kh: 33 g, kJ: 872, kcal: 209

Die Gelatine mit dem kalten Wasser anrühren, 10 Minuten zum Quellen stehen lassen. Das heiße Wasser mit dem Eigelb mit einem elektrischen Handrührgerät mit Rührbesen auf höchster Stufe etwa 1 Minute schlagen, nach und nach (in etwa 1 Minute) den Zucker hinzufügen, noch etwa 1/2 Minute schlagen und Zitronenschale und -saft unterrühren.
Die Gelatine im Wasserbad auflösen, unter die Eigelbmasse rühren, die Masse kalt stellen, ab und zu umrühren.
Sobald die Masse beginnt, dicklich zu werden, das Eiweiß mit dem Zucker (50 g) steif schlagen. Den Eierschnee unter die Creme heben und 2–3 Stunden kalt stellen. Die Zitronenschaum-Creme nach Belieben mit einem Sahnetupfen und einem Stück kandierter Kirschen garnieren.

MÖHREN-APFEL-
DICKMILCH

(4 Portionen – Foto S. 102)

500 ml (1/2 l) Dickmilch
(3,5 % Fett)
Saft von 1 Zitrone (45 ml)
2 EL Zucker (30 g)
1 säuerlicher Apfel (125 g)
2 Möhren (je 100 g)

Pro Portion: E: 5 g, F: 5 g,
Kh: 19 g, kJ: 604, kcal: 145

Die Dickmilch mit dem Zitronensaft und Zucker gut verrühren, kalt stellen.
Den Apfel schälen, vierteln, entkernen. Die Möhren putzen, waschen. Apfel und 1 Möhre raspeln, in die Dickmilch geben, verrühren.
Den Milchdrink in Gläser füllen. Die andere Möhre abtrocknen, mit einem Radischneider in Spiralen schneiden, Die Möhren-Apfel-Dickmilch damit garnieren.

ERDBEER-
BAVAROIS

(6 Portionen)

600 g Erdbeeren, frisch
oder tiefgekühlt
1 Pck. und 2 gestr. TL
Gelatine,gemahlen, rot
4 EL kaltes Wasser
100 g Zucker
2 Pck. Vanillin-Zucker (20 g)
Saft von 1 Zitrone (30 ml)
250 ml (1/4 l) Schlagsahne
2 Eiweiß
1 TL (4 ml) Speiseöl

Pro Portion: E: 5 g, F: 14 g,
Kh: 27 g, kJ: 1089, kcal: 261

Die Erdbeeren in eine Schüssel geben, bei Zimmertemperatur auftauen lassen; frische Früchte waschen, entstielen.
Die Gelatine in Wasser anrühren, 10 Minuten zum Quellen stehen lassen, unter Rühren erwärmen, bis sie gelöst ist.
Die Erdbeeren (einige zum Garnieren zurücklassen) pürieren, mit Zucker, Vanillin-Zucker, Zitronensaft verrühren.
Zunächst 3 Eßlöffel davon mit der Gelatinelösung verrühren, dann unter das restliche Erdbeerpüree schlagen und kühl stellen.
Die Sahne steif schlagen, unter das dicklich gewordene Erdbeerpüree rühren. Das Eiweiß steif schlagen, unterheben.
Die Speise in eine dünn mit Speiseöl ausgepinselte Puddingform füllen, kalt stellen. Die vollkommen steife Speise auf eine Platte stürzen, mit den zurückgelassenen Erdbeeren garnieren.

EXOTISCHE FRÜCHTE
AUF ANANAS

(4 Portionen – Foto S. 103)

1 kleine, reife Ananas (500 g)
1 Kiwi (100 g)
1 Orange (250 g)
4 frische Lychees (75 g)
20 g abgezogene, gestiftelte Mandeln

Pro Portion: E: 2 g, F: 3 g, Kh: 17 g, kJ: 479, kcal: 114

Die Ananas schälen, in 5 gleichgroße Scheiben schneiden. Den Strunk in der Mitte ausstechen.
4 Ananasscheiben auf 4 Teller legen. Die Ananasscheiben im Abstand von 1 1/2 cm rundherum in Stücke schneiden. Ananasstücke etwas in Richtung Tellerrand auseinanderziehen. Die restliche Ananasscheibe in Stücke schneiden.
Die Kiwi schälen, längs halbieren, in Scheiben schneiden. Die Orange so schälen, daß dabei die weiße Außenhaut mit entfernt wird. Die Orange filetieren. Die Filets halbieren. Die geschnittenen Früchte vermischen, in der Mitte der Ananasscheiben anrichten.
Die Lychees schälen, quer halbieren, die obere Fruchthälfte vorsichtig über dem Kern entfernen. Die Lycheehälften mit dem Kern in der Mitte des Fruchtsalates anrichten. Die restlichen Lycheehälften halbieren. Die Portionen damit garnieren.
Die Mandeln über den Früchten verteilen.

KLEINE GERICHTE
ZUM SATTESSEN

Die kleinen Gerichte in diesem Kapitel, aus denen Sie Ihre dritte Mahlzeit zusammenstellen, eignen sich auch als leichtes Mittagessen, zum Verzehr am Arbeitsplatz und für den Picknickkorb.

Um auch hier den Fettverbrauch ohne Geschmacksverlust zu reduzieren, bestreichen Sie Ihr Brot anstatt mit Butter doch mal mit einer Joghurt-Salat-Mayonnaise, mit Kräuter-Creme-fraîche, einer Meerrettich-Zubereitung oder mit Senf, und belegen Sie es zusätzlich mit Salatblättern, Radieschen-, Tomaten- oder Gurkenscheiben usw.

Überall, wo Sie den Geschmacksträger FETT reduzieren, sollten Sie die Speisen durch viele frische Kräuter und Gewürze optimieren. Beziehen Sie zum Abrunden der Gerichte auch die Vielfalt der orientalischen Gewürze mit ein.

BUNTES FLADENBROT

(1 Portion – Foto S. 104/105)

1 Stück Fladenbrot (50 g)
100 g kalorienreduzierter Kräuterquark
125 g Salatgurke
2 Tomaten (je 45 g)
2 zerzupfte Salatblätter
1 EL feingeschnittener Schnittlauch

Pro Portion: E: 17 g, F: 6 g, Kh: 27 g, kJ: 1006, kcal: 239

Das Fladenbrot durchschneiden und mit dem Kräuterquark bestreichen.
Die geschälte Salatgurke und die gewaschenen Tomaten in Scheiben schneiden, mit den Salatblättern auf dem Quark verteilen, mit Schnittlauch bestreuen.

PIKANTER RINDFLEISCHSALAT

(4 Portionen)

400 g gekochtes Rindfleisch
1 großer Apfel (200 g)
2 Gewürzgurken (200 g)
1 rote Zwiebel (50 g)
24 g (3 EL) Kapern
1 Knoblauchzehe
3 EL Weinessig
6 g (2 TL) Senf
2 Spritzer Worcestersoße
2 EL (24 ml) Salatöl
Salz
frisch gemahlener Pfeffer
Kresse

Pro Portion: E: 21 g, F: 18 g, Kh: 6 g, kJ: 1253, kcal: 299

Das Rindfleisch in Streifen schneiden. Den Apfel schälen, vierteln, entkernen.
Apfel und Gewürzgurken in Streifen schneiden. Die Zwiebel abziehen, halbieren, längs in feine Streifen schneiden und mit den Kapern vermengen.
Für die Salatsauce die Knoblauchzehe abziehen, durch die Knoblauchpresse drücken, mit dem Weinessig, Senf, Worcestersauce und dem Salatöl verrühren und mit Salz, Pfeffer würzen. Mit den Salatzutaten vermengen.
Den Salat gut durchziehen lassen und mit gewaschener Kresse anrichten.
Beilage: 1 Scheibe Vollkorntoast (30 g = kJ: 363, kcal: 87).

TOMATENSUPPE

(4 Portionen – Foto S. 107)

100 g Langkornreis
500 ml (1/2 l) kochendes Salzwasser
2 Zwiebeln (80 g)
1 Knoblauchzehe
1 EL (12 ml) Olivenöl
2 Pck. passierte Tomaten (je 500 g)
250 ml (1/4 l) Wasser
2 Gemüsebrühwürfel für je 500 ml Flüssigkeit
1 TL gerebelter Oregano
70 g Tomatenmark
Salz, Pfeffer
Paprika, edelsüß
Cayennepfeffer
2 EL gehackte Petersilie

Pro Portion: E: 6 g, F: 5 g, Kh: 32 g, kJ: 868, kcal: 206

Den Reis in das kochende Salzwasser geben, zum Kochen bringen und in etwa 15 Minuten ausquellen lassen. Zwiebeln und Knoblauchzehe abziehen, würfeln und in dem erhitzten Olivenöl andünsten.
Die passierten Tomaten, das Wasser (250 ml), die Gemüsebrühwürfel und den Oregano hinzufügen, 5–10 Minuten kochen lassen.
Das Tomatenmark unterrühren, mit Salz, Pfeffer, Paprika und Cayennepfeffer abschmecken.
Den gegarten Reis hinzufügen, und die Suppe mit der Petersilie bestreuen.

TSATSIKI-QUARK MIT BROT

(1 Portion – Foto S. 108)

125 g Magerquark
1 Becher (150 g) Joghurt (1,5 % Fett)
1 EL Mineralwasser
2 Knoblauchzehen
1 kleine Salatgurke (400 g)
Salz, Pfeffer
1 Scheibe Vollkornbrot (45 g)

Pro Portion: E: 26 g, F: 4 g, Kh: 32 g, kJ: 1204, kcal: 286

Den Quark mit Joghurt und Mineralwasser cremig rühren.
Die Knoblauchzehen abziehen, durchpressen und in die Quarkmasse geben.
Die Gurken schälen, entkernen, die Hälfte grob raspeln, abtropfen lassen, in den Quark geben. Mit Salz und Pfeffer würzen.
Das restliche Gurkenstück in Stifte schneiden und mit dem Brot zu dem Quark essen.

MÖHREN-ROHKOST

(2 Portionen)

50 ml Orangensaft, frisch gepreßt
1 TL (4 ml) Pflanzenöl
abgeriebene Schale von 1/2 Zitrone (unbehandelt)
etwas Zitronensaft
Pfeffer
1/2 Bund Kerbel
300 g Möhren
1 Apfel (150 g)

Pro Portion: E: 2 g, F: 3 g, Kh: 16 g, kJ: 422, kcal: 101

Orangensaft und Öl verrühren. Mit Zitronenschale, etwas Zitronensaft und Pfeffer würzen. Den Kerbel abspülen, trockentupfen. Die Blättchen von den Stengeln zupfen.
Die Möhren putzen, schälen, waschen. Den Apfel waschen, vierteln, entkernen. Beide Zutaten grob raspeln, mit der Orangensauce vermengen. Die Kerbelblättchen unterheben.
Die Rohkost mit Zitronensaft und Pfeffer abschmecken.
Beilage: Pikanter Quark mit Pellkartoffeln (Rezept siehe Seite 114/115).

MARINIERTE PAPRIKA

(4 Portionen – Foto S. 109)

Je 2 rote, gelbe und grüne Paprikaschoten (1,2 kg)
Salz, Pfeffer
2–4 Knoblauchzehen
3 Stengel glatte Petersilie
Saft von 1/2 Zitrone
4 EL (48 ml) Olivenöl

Pro Portion: E: 3 g, F: 13 g, Kh: 8 g, kJ: 679, kcal: 161

Die Paprikaschoten waschen und abtrocknen. Auf einem Backblech im Backofen etwa 15 Minuten bei 250 °C (Gas Stufe 5) rösten, bis die Haut dunkel wird und Blasen wirft. Danach 5 Minuten in ein feuchtes Tuch legen und anschließend die Haut abziehen. Die Schoten halbieren, entkernen, die weißen Scheidewände entfernen. Den auslaufenden Saft auffangen. Die Paprika in etwa 3 cm breite Streifen schneiden und auf einer Platte anrichten. Mit Salz und frisch gemahlenem Pfeffer würzen.
Den Knoblauch abziehen und durch die Presse drücken. Die Petersilie waschen und hacken. Beides über die Paprika geben. Mit Zitronensaft, Paprikasaft und Öl begießen, mehrere Stunden marinieren.
Mit Knoblauchquark und Kapern und Zitronenspalten anrichten.

POCHIERTE EIER, GARNIERT

(4 Portionen – Foto S. 110)

1 l Wasser, 2 EL Essig
4 Eier (Gew.-Kl. 4)
4 Tomaten (300 g)
300 g Salatgurke
1 kleinen Fenchelknolle (etwa 250 g)
100 g Champignons
2–3 EL Zitronensaft
Salz, Pfeffer
2 EL feingeschnittener Schnittlauch
4 Scheiben gekochter Schinken (je 35 g)
125 g Gorgonzola-Käse
200 g Joghurt (1,5 % Fett)
2 EL gehackte Kräuter

Pro Portion: E: 31 g, F: 22 g, Kh: 11 g, kJ: 1736, kcal: 415

Das Wasser mit dem Essig zum Kochen bringen. Die Eier nacheinander aufschlagen, einzeln in eine Kelle gleiten lassen und vorsichtig in das kochende Wasser geben. Die Eier bei schwacher Hitze etwa 5 Minuten kochen lassen. Mit einem Schaumlöffel aus der Flüssigkeit nehmen, kurz in kaltes Wasser halten, erkalten lassen. Die Tomaten waschen, abtrocknen, die Stengelansätze entfernen. Tomaten und gewaschene Gurke in Scheiben schneiden. Die Fenchelknolle putzen, waschen, vierteln, in Scheiben schneiden. Die Champignons putzen, waschen, in Scheiben schneiden, mit 1 Eßlöffel Zitronensaft beträufeln, mit Salz und Pfeffer bestreuen und etwa 10 Minuten ziehen lassen.
Das Gemüse kranzförmig auf 4 Tellern anrichten, mit dem restlichen Zitronensaft beträufeln, mit Salz, Pfeffer und Schnittlauch bestreuen. In jede der Schinkenscheiben 1 Ei geben, den Schinken darüber zusammenschlagen und zu dem Gemüsekranz legen. Von dem Gorgonzola-Käse die Rinde abschneiden, den Käse durch ein Sieb streichen, mit dem cremigen Joghurt verrühren. Die gemischten Kräuter unterrühren. Die Gorgonzolacreme auf dem Schinken verteilen bzw. dazu reichen.

FRUCHTIGER SALAT
AUF APFELSCHEIBEN

(2 Portionen – Foto S. 111)

1/2 Becher (75 g) Joghurt (1,5 % Fett)
1 TL (4 ml) Pflanzenöl
Currypulver
Zitronensaft, Pfeffer
wenig Salz
2 EL gehackte Kräuter (z. B. Dill, Basilikum oder Kerbel)
100 g frische Ananas, vorbereitet
100 g Staudensellerie, vorbereitet
1 säuerlicher Apfel (200 g)

Pro Portion: E: 2 g, F: 3 g, Kh: 20 g, kJ: 492, kcal: 117

Joghurt und Öl verrühren. Mit Curry, Zitronensaft, Pfeffer und wenig Salz würzen. Die Kräuter unterrühren.
Die vorbereitete Ananas in kleine Stücke schneiden. Den Staudensellerie putzen, waschen, in dünne Scheiben schneiden.
Beide Zutaten mit der Sauce vermengen. Den Apfel waschen, trockentupfen. Das Kerngehäuse ausstechen.
An der Apfelober- und Apfelunterseite jeweils eine 1/2 cm dicke Scheiben abschneiden, in kleine Stücke schneiden, unter den Salat mischen. Den restlichen Apfel in 4 Scheiben schneiden, mit etwas Zitronensaft beträufeln, auf 4 Tellern anrichten. Den Salat auf den Apfelscheiben anrichten.

GRÜNER KARTOFFELSALAT

(4 Portionen – Foto S. 112)

1 kg Salatkartoffeln
Salzwasser
125 ml (1/8 l) Essig
125 ml (1/8 l) Fleischbrühe
1 Prise Zucker
Salz, Pfeffer
1 Zwiebel (40 g)
1 Bund Dill, 1 Bund Petersilie
5 Salbeiblätter
1 Zweig Zitronenmelisse
1 kleine Salatgurke (400 g)
2 EL (24 ml) Olivenöl
Essig

Pro Portion: E: 7 g, F: 7 g, Kh: 40 g, kJ: 1091, kcal: 260

Die Kartoffeln waschen, in Salzwasser zum Kochen bringen, in etwa 20 Minuten gar kochen lassen, abgießen, abdämpfen, heiß pellen, erkalten lassen und dann in Scheiben schneiden. Essig mit Brühe, Zucker, Salz und Pfeffer zum Kochen bringen. Die Zwiebel abziehen, fein würfeln und hinzufügen. Kurz aufkochen lassen, über die Kartoffelscheiben gießen und vorsichtig durchheben. Die Flüssigkeit muß von den Kartoffeln aufgesogen werden. Ab und zu vorsichtig durchheben.
Die Kräuter abspülen, trockentupfen, die Blättchen von den Stengeln zupfen und fein hacken. Die Gurke schälen, entkernen, in kleine Würfel schneiden, mit dem Öl und den Kräutern unter die Kartoffelscheiben mischen. Mit Salz, Essig abschmecken.
Wenn der Salat zu „trocken" ist, noch einige Eßlöffel lauwarmes Wasser unterheben.

ROHKOST MIT EI

(1 Portion – Foto S. 113)

100 g Kirschtomaten
100 g gelbe Paprikaschote
100 g Zucchini
50 g Kopfsalat
1 gekochtes Ei (Gew.-Kl.4)
50 g Cremequark (0,2 % Fett)
6 g (1 TL) Crème fraîche
1 EL Zitronensaft
Salz, Pfeffer
1/2 Paket tiefgefrorene Kräuter
2 Scheiben Vollkornbrot (je 45 g)

Pro Portion: E: 24 g, F: 10 g, Kh: 47 g, kJ: 1694, kcal: 405

Das Gemüse putzen, waschen und kleinschneiden. Das Ei pellen und halbieren. Die restlichen Zutaten miteinander verrühren und über die Rohkost geben. Das Vollkornbrot dazu essen.

TIP

Bitte beachten Sie, daß zusätzliche Beilagen in die Kalorien-Berechnung mit einzubeziehen sind. Siehe dazu evtl. auch die Nährwert-Tabelle ab Seite 138.

GEFÜLLTE PAPRIKASCHOTE

(1 Portion – Foto S. 114)

30 g Reis, Salzwasser
je ½ rote und gelbe Paprikaschote (je 75 g)
1 Gewürzgurke (100 g)
15 g (1 gestr. EL) Joghurt-Salatcreme
50 g Cremequark (0,2 % Fett)
1 TL Zitronensaft
Salz, Pfeffer, Paprikapulver
½ Päckchen tiefgefrorene gemischte Kräuter
1 Scheibe Vollkorntoast (30 g)

Pro Portion: E: 13 g, F: 6 g, Kh: 47 g, kJ: 1313, kcal: 313

Den Reis in das kochende Salzwasser geben und in etwa 20 Minuten ausquellen, abtropfen und erkalten lassen. Die Paprikaschoten putzen, waschen. Die Würzgurke würfeln oder in Scheiben schneiden.
Mit dem Reis, Salatcreme, Cremequark, Zitronensaft verrühren, mit Salz, Pfeffer, Paprika würzen und mit den gemischten Kräutern verrühren. Die Masse in die Paprikaschoten-Hälften geben.
Das Brot toasten und dazu essen.

PIKANTER QUARK

(1 Portion)

1 kleine Zwiebel (40 g)
6 Radieschen (90 g)
100 g Salatgurke
100 g Magerquark
50 g Kefir (3,5 % Fett)
Meersalz, Pfeffer, Kümmel
Paprika, edelsüß
feingeschnittener Schnittlauch

Pro Portion: E: 16 g, F: 2 g, Kh: 11 g, kJ: 606, kcal: 144

Die Zwiebel abziehen, sehr fein würfeln. Die Radieschen putzen, waschen und in feine Streifen schneiden (1 Radieschen im ganzen zum Garnieren zurücklassen). Das Salatgurkenstück schälen, kleinschneiden.
Den Quark mit dem Kefir verrühren und mit den zerkleinerten Zutaten vermengen. Mit den Gewürzen abschmecken. Etwas Schnittlauch unterrühren.
Das zurückgelassene Radieschen zu einer Blütenform schneiden, den Quark damit garnieren, mit dem restlichen Schnittlauch bestreuen.
Beigabe: 250 g Pellkartoffeln (kJ: 890, kcal: 213).

SPANISCHER SALAT

(2 Portionen – Foto S. 115)

1 kleiner Kopf Endiviensalat (300 g)
2 rote Paprikaschoten (etwa 300 g)
10 grüne Oliven, mit Paprika gefüllt (30 g)
1 abgezogene Zwiebel (50 g)
1 hartgekochtes Ei (Gew.-Kl. 4)
2 EL (24 ml) Olivenöl
17 g (1 EL) Joghurt (1,5 % Fett)
2 EL Weißwein-Essig
Salz, Pfeffer, Zucker
Senf, Rosenpaprika

Pro Portion: E: 8 g, F: 19 g, Kh: 8 g, kJ: 958, kcal: 228

Von dem Endiviensalat die äußeren Blätter entfernen, den Endivienkopf halbieren, in Streifen schneiden, gründlich waschen und gut abtropfen lassen.
Die Paprikaschoten halbieren, entstielen, entkernen, die weißen Scheidewände entfernen, die Schoten waschen, in feine Streifen schneiden. Oliven in Scheiben schneiden. Für die Salatsauce die Zwiebel würfeln. Das Ei pellen, halbieren, das Eigelb herauslösen, zerdrücken, das Eiweiß in feine Würfel schneiden und beiseite stellen.
Das Olivenöl mit den Zwiebelwürfeln, dem zerdrückten Eigelb, Joghurt und Weißweinessig verrühren und mit Salz, Pfeffer, Zucker, Senf, Rosenpaprika würzen. Über die Salatzutaten geben, vermischen. Den Salat mit den Eiweißwürfeln bestreuen.

HAMBURGER, LEICHTE ART

(4 Portionen – Foto S. 116)

1 Zwiebel (40 g)
300 g Rindergehacktes
150 g Magerquark
1 Ei (Gew.-Kl.4)
6 g (1 schwach geh. TL) scharfer Senf
1 EL gehackte Petersilie oder Majoran
Salz, Pfeffer
Paprika, edelsüß
20 g Vollkorn-Semmelmehl
1½ EL (18 ml) Erdnußöl
4 Vollkornbrötchen (je 45 g)
4 gewaschene, abgetropfte Eisbergsalatblätter
200 g Tomaten
4 Gewürzgurken (je 100 g)
70 g (4 EL) Joghurt (1,5 % Fett)
3 g (1 TL) Senf
8 Kirschtomaten (je 20 g)

Pro Portion: E: 29 g, F: 19 g, Kh: 28 g, kJ: 1809, kcal: 432

Die Zwiebel abziehen, würfeln, mit dem Rindergehackten, dem Magerquark, dem Ei, Senf, Petersilie (Majoran), vermengen, mit Salz, Pfeffer und Paprika würzen. Mit feuchten Händen 4 flache Frikadellen formen und in dem Semmelmehl wenden.
Die Frikadellen von beiden Seiten in dem erhitzten Erdnußöl in etwa 10 Minuten gar braten.
Die Brötchen durchschneiden und mit den Salatblättern belegen.
Die Tomaten waschen, in Scheiben schneiden. Die Gewürzgurken längs in Scheiben schneiden. Tomaten- und Gewürzgurken-Scheiben auf die Salatblätter legen.
Joghurt mit Senf verrühren, auf jede der 4 belegten Brötchen-Hälften 1 Eßlöffel davon geben und mit einer Frikadelle bedekken. Die zweite Brötchenhälfte darauf legen, mit je 2 Kirschtomaten garnieren.

ROHKOST-TELLER

(1 Portion – Foto S. 117)

1/2 Bund Radieschen (100 g, vorbereitet)
100 g Kohlrabi, vorbereitet
50 g Eisberg-, Endivien- oder Kopfsalat
1/2 Bund Schnittlauch
75 g (1/2 Becher) Joghurt (1,5 % Fett)
1 TL (4 ml) Pflanzenöl
3 g (1 TL) Senf, mittelscharf
Zitronensaft
Pfeffer, wenig Salz
2 Scheiben (je 45 g) Vollkornbrot
10 g (2 gestr. TL) Butter

Pro Portion: E: 13 g, F: 15 , Kh: 48 g, kJ: 1678, kcal: 401

Die Radieschen putzen, waschen, in Scheiben oder Sechstel schneiden. Den Kohlrabi putzen, schälen, in feine Stifte schneiden. Den Salat putzen, waschen, abtropfen lassen, in grobe Stücke zerpflükken oder schneiden. Die Salate auf einem Teller anrichten.
Den Schnittlauch abspülen, trokkentupfen, fein schneiden.
Joghurt, Öl, Senf und Schnittlauch verrühren. Mit Zitronensaft, Pfeffer und wenig Salz abschmekken, über den Salat geben. Das Brot mit Butter oder Margarine bestreichen, dazu reichen.

KASSELER MIT LINSENSALAT

(4 Portionen – Foto S. 119)

400 g Kasseler, ohne Knochen
3 Lorbeerblätter
3 Nelken
Bratfolie
2 Zwiebeln (80 g)
3 EL (36 ml) Olivenöl
150 g braune Tellerlinsen
375 ml (3/8 l) Gemüsebrühe
100 g Linsen- oder Sojabohnensprossen
150 g Feldsalat
150 g Kirschtomaten
6 g (2 gestr. TL) mittelscharfer Senf
3 EL Rotweinessig
Salz, Pfeffer, Zucker

Pro Portion: E: 35 g, F: 30 g, Kh: 27 g, kJ: 2274, kcal: 541

Das Kasseler unter fließendem, kaltem Wasser abspülen, trokkentupfen. Lorbeerblätter mit Nelken auf dem Fleisch feststecken. Das Fleisch in Bratfolie wickeln und in den Backofen setzen.
Ober-/Unterhitze: etwa 200 °C (vorgeheizt)
Heißluft: etwa 180 °C (nicht vorgeheizt)
Gas: Stufe 3–4 (vorgeheizt)
Bratzeit: etwa 45 Minuten.
Beide Zwiebeln abziehen, würfeln, in dem erhitzten Olivenöl (1 Eßlöffel) andünsten. Linsen und Brühe hinzufügen und in etwa 30 Minuten ausquellen lassen. Die Linsen- oder Sojasprossen abspülen, abtropfen lassen. Den Feldsalat putzen, waschen, abtropfen lassen. Die Kirschtomate waschen und halbieren.
Aus dem restlichen Öl, Senf, Essig und Gewürzen eine Marinade zubereiten und 1 1/2 Eßlöffel davon unter die garen Linsen rühren. Die übrigen Salatzutaten mit der restlichen Marinade anmachen.
Die Linsen auf vier Teller verteilen. Den Bratensaft vom Kasseler auf den Linsenportionen verteilen. Darauf den Salat geben. Das Kasseler in 8 Scheiben schneiden. Je 2 Scheiben neben jeder Salatportion anrichten und sofort servieren.

BRÖTCHEN MIT ROHKOST

(1 Portion – Foto S. 118)

1 Vollkornbrötchen (55 g)
5 g (1 gestr. TL) Butter oder Pflanzenmargarine
30 g geräucherte Putenbrust
2 Kopfsalatblätter
25 g Feldsalat
125 g Möhren
1–2 EL Zitronensaft
Salz
Pfeffer
3 g (1 TL) Sonnenblumenkerne

Pro Portion: E: 14 g, F: 7 g, Kh: 30 g, kJ: 1059, kcal: 253

Das Brötchen durchschneiden, mit dem Fett bestreichen und mit der Putenbrust belegen. Salatblätter und Feldsalat waschen.

Die Möhren putzen, schälen, waschen und kleinschneiden. Mit Zitronensaft und Gewürzen abschmecken und mit Sonnenblumenkernen bestreuen.

POULARDENBRUST-SALAT

(4 Portionen – Foto S. 120)

300 g gebratene Poulardenbrust (375 g frisch)
100 g durchwachsener Speck
100 g Cocktailtomaten
100 g Frühlingszwiebeln
1 Avocado (320 g)
etwas Zitronensaft
150 g Staudensellerie
2 EL (24 ml) Salatöl
3–4 EL Basilikumessig
2 EL Zitronensaft, Salz
frisch gemahlener, weißer Pfeffer
Zucker
gerebelter Estragon
1 Bund Schnittlauch
Zucker, Honig
Zitronensaft

Pro Portion: E: 19 g, F: 48 g, Kh: 7 g, kJ: 2354, kcal: 562

Die Poulardenbrust enthäuten und in Würfel schneiden. Den Speck würfeln und ohne Fett in einer Pfanne knusprig braten, auf Küchenkrepp geben, abtropfen lassen.
Die Cocktailtomaten waschen, halbieren und Stengelansätze herausschneiden. Frühlingszwiebeln putzen, waschen und in Scheiben schneiden.
Die Avocado halbieren, entsteinen, schälen. Das Fruchtfleisch in Würfel schneiden und mit etwas Zitronensaft beträufeln.
Den Staudensellerie putzen, harte Fäden an der Außenseite abziehen, Stengel waschen und in Scheiben schneiden. Die Zutaten mischen.
Für die Salatsauce Öl mit Basilikumessig und Zitronensaft verrühren, mit Salz, Pfeffer, Zucker und Estragon würzen.
Den Schnittlauch abspülen, trockentupfen, in feine Ringe schneiden und unterrühren.
Die Sauce evtl. mit Zucker, Honig und Zitronensaft abschmecken, mit den Salatzutaten vermengen und den Salat gut durchziehen lassen.

GEMÜSETOPF MIT QUARKHAUBE

(4 Portionen – Foto S. 121)

1 Gemüsezwiebel (200 g)
3–4 Zucchini (400 g)
2 Paprikaschoten
(rot und grün, je 200 g)
2 große Tomaten (je 90 g)
Meersalz
frisch gemahlener Pfeffer
Kräuter der Provence
3 EL Obstessig
2 EL (24 ml) kaltgepreßtes
Olivenöl
1 Knoblauchzehe
200 g Magerquark
2 Eier (Gew.-KL. 4)
2 EL gehackte Petersilie

Pro Portion: E: 13 g, F: 10 g, Kh: 10 g, kJ: 822, kcal: 197

Die Gemüsezwiebel abziehen und in Scheiben schneiden. Die Zucchini waschen, abtrocknen, die Enden abschneiden und in Scheiben schneiden.
Die Paprikaschoten halbieren, entstielen, entkernen, die weißen Scheidewände entfernen. Die Schoten waschen und in Stücke schneiden. Die Tomaten waschen, abtrocknen, die Stengelansätze herausschneiden und in Scheiben schneiden.
Das Gemüse in einen breiten, flachen Kochtopf schichten und dabei jede Schicht mit Salz, Pfeffer und Kräutern der Provence bestreuen. Obstessig und Olivenöl darüber geben. Das Gemüse zugedeckt bei schwacher Hitze in etwa 40 Minuten gar dünsten lassen (nicht umrühren).
Die Knoblauchzehe abziehen, zerdrücken und mit Magerquark und Eiern gut verrühren, mit Salz und Pfeffer würzen.
Etwa 5 Minuten vor Beendigung der Garzeit den angemachten Quark über das Gemüse geben und zugedeckt stocken lassen.
Die Petersilie darüber streuen.
Beigabe: Weizenvollkornbrot oder Pellkartoffeln.

NIZZA-SALAT

(4 Portionen – Foto S. 122)

500 g Tomaten, Salz
1 Salatgurke (750 g)
1 grüne Paprikaschote (200 g)
2 Frühlingszwiebeln (140 g)
4 Eier (Gew.-Kl. 4)
4 Sardellenfilets (24 g)
1 Dose große, weiße Bohnen (Einwaage 220 g)
75 g schwarze Oliven
3 EL (36 ml) Olivenöl
3–4 EL Weißweinessig
frisch gemahlener Pfeffer
gewaschene Basilikumblätter

Pro Portion: E: 20 g, F: 20 g, Kh: 25 g, kJ: 1620, kcal: 387

Die Tomaten waschen, Stengelansätze entfernen, die Tomaten vierteln und mit Salz bestreuen. Die Salatgurke schälen und in Scheiben schneiden.
Die Paprika vierteln, entstielen, entkernen, die weißen Scheidewände entfernen, die Schote waschen, in dünne Ringe schneiden.
Die Frühlingszwiebeln putzen, waschen, in Ringe schneiden.
Die Eier etwa 8 Minuten kochen, abschrecken, pellen, achteln.
Die Sardellenfilets mit kaltem Wasser abspülen, halbieren, aufrollen. Die Bohnen auf einem Sieb abtropfen lassen.
Alle Zutaten mit den schwarzen Oliven auf einem Teller anrichten.
Das Olivenöl mit Salz, dem Weißweinessig, Pfeffer verrühren und über die Salatzutaten geben. Das Basilikum in Streifen schneiden, darüber verteilen.

QUARK

(1 Portion)

250 g Magerquark
4 EL Milch (3,5 % Fett)
1 geh. TL Kümmel
Salz

Pro Portion: E: 34 g, F: 3 g, Kh: 12 g, kJ: 964, kcal: 230

Den Quark mit der Milch und dem Kümmel verrühren und mit Salz abschmecken.
Beilage: 250 g Pellkartoffeln (kJ: 890, kcal: 213).

BLUMENKOHL
MIT TOMATEN

(4 Portionen – Foto S. 123)

1 Zwiebel (40 g)
1 Knoblauchzehe
3–4 Tomaten (etwa 250 g)
20 g Butter
1 kg Blumenkohl
Salz
frisch gemahlener Pfeffer
gemahlener Koriander
100 g gekochter Schinken
1 EL gehackter Dill

Pro Portion: E: 10 g, F: 8 g, Kh: 5 g, kJ: 583, kcal: 139

Zwiebel und Knoblauchzehe abziehen und würfeln.
Die Tomaten kurze Zeit in kochendes Wasser legen (nicht kochen lassen), in kaltem Wasser abschrecken, enthäuten, die Stengelansätze herausschneiden und das Fleisch in Würfel schneiden.
Die Butter zerlassen, Zwiebel- und Knoblauchwürfel darin andünsten.
Die Tomatenwürfel hinzufügen, kurz durchdünsten lassen. Den Blumenkohl putzen, in Röschen teilen, den Strunk in Streifen schneiden.
Die Blumenkohlröschen und Strunkstreifen gründlich waschen, abtropfen lassen und zu den Tomatenwürfeln geben. Mit Salz, Pfeffer und Koriander würzen.
Im geschlossenen Topf etwa 20 Minuten dünsten lassen. Evtl. etwas Wasser hinzufügen. Den Schinken in Streifen schneiden, mit dem Dill zu dem Gemüse geben und kurz erhitzen.
Beilage: Reis, Pellkartoffeln oder Vollkorntoast (Nährwertangaben siehe Tabelle Seite 138–141).

KALBFLEISCH, MARINIERT

(6 Portionen – Foto S. 125)

1 kg Kalbfleisch (Nuß)
1 Bund Suppengrün (400 g)
1½ l Salzwasser
1 TL Pfefferkörner
2 Knoblauchzehen
5 EL Weinesssig
6 g (2 TL) Dijon-Senf
Salz, Pfeffer
¼ TL Zucker
2 Frühlingszwiebeln (je 70 g)
200 g Cornichons (aus dem Glas)
1–2 TL Kapern
5 EL (60 ml) kaltgepreßtes Olivenöl
Basilikumblättchen

Pro Portion: E: 36 g, F: 18 g, Kh: 4 g, kJ: 1446, kcal: 345

Das Fleisch unter fließendem kaltem Wasser abspülen. Das Suppengrün putzen, waschen, grob zerkleinern. Fleisch und Suppengrün in dem Salzwasser zum Kochen bringen.
Die Pfefferkörner hinzufügen, alles aufkochen lassen, abschäumen und bei schwacher Hitze etwa 40 Minuten kochen lassen. Das Fleisch aus der Brühe nehmen, abkühlen lassen. Die Brühe durch ein Sieb gießen, nach Belieben als Suppe verwenden.
Für die Marinade die Knoblauchzehen abziehen, durchpressen, mit dem Weinessig, dem Senf, Salz, Pfeffer, Zucker verrühren. Die Frühlingszwiebeln abziehen, das Grün entfernen, das weiße Lauch kleinschneiden.
Die abgetropften Cornichons kleinschneiden. Die drei Zutaten in die Marinade geben. Das Olivenöl unterrühren. Gewaschene Basilikumblättchen fein schneiden, hinzufügen.
Das Kalbfleisch in dünne Scheiben schneiden, anrichten, die Marinade darüber geben, etwas durchziehen lassen.

TOMATEN-TARTE

(6 Portionen)

750 ml (¾ l) Gemüsebrühe
150 g Maisgrieß
2 rote Paprikaschoten (je 200 g)
1 Zwiebel (40 g)
1 Knoblauchzehe
1 Stange Porree (Lauch, 200 g)
3 EL (36 ml) Olivenöl
1 TL Paprika edelsüß
½ TL gerebelter Majoran
300 g Magerquark
Butter zum Fetten der Form
1 kg Fleischtomaten
40 g Vollkornbrotbrösel
Kräutergewürz
Salz, Pfeffer
1 EL gehackte Petersilie

Pro Portion: E: 12 g, F: 8 g, Kh: 31 g, kJ: 1094, kcal: 261

Die Brühe zum Kochen bringen, mit dem Maisgrieß verrühren und bei schwacher Hitze in etwa 15 Minuten ausquellen lassen.
Die Paprikaschoten halbieren, entstielen, entkernen, die weißen Scheidewände entfernen, die Schoten fein würfeln. Zwiebel und Knoblauchzehe abziehen, fein würfeln. Den Porree putzen, waschen, in Ringe schneiden.
1 Eßlöffel Olivenöl erhitzen, Paprika, Zwiebel, Knoblauch und Porree darin anbraten, mit Paprikapulver und Majoran würzen, etwa 10 Minuten dünsten lassen, mit dem Magerquark unter den Maisgrieß rühren. Eine Keramik-Tarte-Form ausfetten, den Maisbrei hineindrücken.
Die Tomaten waschen, Stengelansätze herausschneiden. Den Brei damit belegen, mit den Gewürzen bestreuen. Die Vollkornbrösel darüber geben und mit dem restlichen Olivenöl beträufeln. Die Tarte backen.
Ober-/Unterhitze:
etwa 240 °C (vorgeheizt)
Heißluft: etwa 200 °C
(nicht vorgeheizt)
Gas: Stufe 4–5 (vorgeheizt)
Backzeit: etwa 20 Minuten.

KOHLSALAT

(4 Portionen – Foto S. 126)

500 g Weißkohl
Salz, Pfeffer, Zucker
2 EL Apfelessig
2 EL (24 ml) Sonnenblumenöl
150 g cremiger Joghurt
(1,5 % Fett)
30 g (2 EL) geriebener
Meerrettich
2 Äpfel (200 g)
25 g Kürbiskerne

Pro Portion: E: 5 g, F: 10 g, Kh: 11 g, kJ: 673, kcal: 161

Den Kohl putzen, die äußeren Blätter und den Strunk entfernen. Einige Kohlblätter zum Garnieren ablösen.
Den restlichen Kohl so fein wie möglich hobeln. In kochendem Salzwasser 1 Minute blanchieren, abgießen und gut abtropfen lassen.
Salz, Pfeffer, Zucker und Essig verrühren, Öl, Joghurt und Meerrettich darunterrühren. Die Äpfel waschen, vierteln, entkernen. Die Äpfel würfeln, sofort in die Sauce geben, damit sie sich nicht verfärben.
Alles mit dem Weißkohl vermengen, etwas durchziehen lassen, dann auf Weißkohlblättern anrichten. Kürbiskerne ohne Fett in der Pfanne rösten und über den Salat streuen.

BROT MIT EI

(4 Portionen)

4 Scheiben Vollkornbrot
(je 45 g)
20 g Butter oder Margarine
4 Salatblätter
4 Tomaten (je 70 g)
4 Eier (Gew.-Kl. 4)
4 EL (60 ml) Milch (3,5 % Fett)
Salz
geriebene Muskatnuß
5 g (1 gestr. TL) Butter
oder Margarine
feingeschnittener
Schnittlauch

Pro Portion: E: 12 g, F: 13 g, Kh: 21 g, kJ: 1096, kcal: 262

FISCH MIT KARTOFFELSALAT

Das Vollkornbrot mit dem Fett (20 g) bestreichen. Auf jede Scheibe ein gewaschenes, abgetropftes Salatblatt legen.
Die Tomaten waschen, abtrocknen, achteln, die Stengelansätze herausschneiden. Die Tomatenachtel auf den Salatblättern anrichten.
Die Eier mit der Milch, Salz und Muskatnuß verschlagen. das Fett (5 g) in einer beschichteten Stielpfanne erhitzen und die Eiermilch hineingeben. Sobald die Masse zu stocken beginnt, sie mit einem Löffel strichweise vom Boden der Pfanne losrühren, so lange weiter erhitzen, bis keine Flüssigkeit mehr vorhanden ist. Das Rührei auf die Brotscheiben verteilen, mit Schnittlauch bestreuen.

(1 Portion – Foto S. 127)

250 g Kartoffeln
100 g Lauchzwiebeln
4 Radieschen (40 g)
1 Tüte Fertigsaucenmischung Joghurt
150 g cremig gerührter Joghurt (1,5 % Fett)
20 ml Milch (1,5 % Fett)
1/2 Bund glatte Petersilie
Essig, Salz, Pfeffer
100 g Schellfisch
1 EL (12 ml) Speiseöl

Pro Portion: E: 24 g, F: 15 g, Kh: 54 g, kJ: 1951, kcal: 466

Die Kartoffeln waschen, bedeckt mit Wasser zum Kochen bringen und in etwa 20 Minuten gar kochen.
Die Kartoffeln pellen. Die Lauchzwiebeln putzen, waschen, beide Zutaten in Scheiben schneiden.
Die Fertigsaucenmischung mit dem Joghurt und der Milch verrühren, über die Zutaten geben.
Die Petersilie waschen, hacken, ebenfalls über die Zutaten geben, alles vorsichtig vermengen.
Den Fisch unter fließendem, kaltem Wasser abspülen, trockentupfen, mit Salz und Pfeffer bestreuen und in dem erhitzten Speiseöl von jeder Seite etwa 4 Minuten braten.
Den Kartoffelsalat mit Essig, Salz und Pfeffer abschmecken und mit dem Fisch anrichten.

ROTKOHLSALAT MIT HÄHNCHENBRUST

(4 Portionen – Foto S. 128)

500 g Rotkohl
Salzwasser
2 EL Essig
5 g (1 TL) flüssiger Honig
2 EL Zitronensaft
1 EL Rotweinessig
Pfeffer
2 Hähnchenbrustfilets (etwa 300 g)
10 g (1 gestr. EL) Butter
Salz, Pfeffer
5 Walnußkerne (15 g)

Pro Portion: E: 20 g, F: 5 g, Kh: 5 g, kJ: 641, kcal: 153

Vom Rotkohl den Strunk und die äußeren Blätter entfernen, Rotkohl waschen und in sehr feine Streifen schneiden. Das Salzwasser mit dem Essig aufkochen. Den Kohl darin etwa 1 Minute blanchieren, abgießen und gut abtropfen lassen. Honig, Zitronensaft, Essig, Salz und Pfeffer verrühren und unter den noch warmen Salat mengen.
Etwa 1 Stunde marinieren, dabei öfter umrühren.
Die Hähnchenbrust abspülen, trockentupfen, in zerlassener Butter bei milder Hitze von jeder Seite etwa 3 Minuten braten, salzen und pfeffern.
Den Rotkohlsalat auf vier Teller verteilen. Die Hähnchenbrüste in Scheiben schneiden, neben dem Salat anrichten. Walnüsse hakken, über den Salat streuen.
Beilage: Mehrkornbrötchen (55 g = kJ: 666, kcal: 145).

FRÜHLINGSGEMÜSE MIT KRÄUTERDIP

(4 Portionen)

1 Salatgurke (600 g)
250 g junge Möhren
250 g weiße Radieschen
250 g Tomaten
250 g Staudensellerie
2 Bund Radieschen (500 g mit Grün)
3 Sardellenfilets (18 g)
1 EL Kapern
10 grüne, spanische Oliven, mit Paprika gefüllt (30 g)
3 Eigelb (Gew.-Kl. 4)
3 g (1 TL) Senf
1 EL Obstessig
Salz, Pfeffer
3 EL (36 ml) Maiskeimöl
3–4 EL Wasser
4–5 EL gemischte, gehackte Kräuter, z. B. Kerbel, Schnittlauch, Majoran, Petersilie
2 enthäutete Tomaten (140 g)

Pro Portion: E: 9 g, F: 17 g, Kh: 14 g, kJ: 1008, kcal: 241

Die Salatgurke waschen, erst in etwa 10 cm lange Stücke, dann in Streifen schneiden.
Von den Möhren und Radieschen das Grün bis auf 2 cm abschneiden. Möhren und Radieschen waschen. Die Möhren schälen.
Die Tomaten waschen, in Achtel schneiden. Stengelansätze entfernen. Die Tomaten entkernen.
Den Sellerie putzen, waschen, die harten Fäden abziehen, in Stücke schneiden.
Alle Zutaten auf einer Platte anrichten. Für den Kräuterdip die Sardellenfilets evtl. wässern und trockentupfen. Sardellenfilets, Kapern und Oliven sehr fein hacken, mit Eigelb, Senf und Obstessig verrühren, würzen. Öl eßlöffelweise unterrühren, Wasser und Kräuter unterrühren.
Die Tomaten halbieren, Stengelansätze herausschneiden, Tomaten entkernen, in Stücke schneiden, über den Dip geben.

MINI-PIZZEN

(6 Portionen – Foto S. 130)

20 g frische Hefe
2–3 EL lauwarmes Wasser
300 g Weizenvollkornmehl
200 ml (1/5 l) lauwarmes Wasser
1 EL (12 ml) Maiskeimöl
1/2 TL Salz
1 Bund Petersilie
1 Bund Sauerampfer
2 Knoblauchzehen
300 g Möhren
1 EL (12 ml) Maiskeimöl
Salz
300 g kleine, feste Tomaten
300 g kleine Zucchini
300 g Mozzarella
frisch gemahlener Pfeffer
1 EL gehacktes Basilikum

Pro Portion: E: 18 g, F: 16 g, Kh: 36 g, kJ: 1570, kcal: 375

Für den Teig die Hefe in lauwarmem Wasser auflösen, mit Mehl, Wasser, Öl und Salz zu einem Teig verkneten. Petersilie und Sauerampfer abspülen und fein hacken.
Den Knoblauch abziehen, fein hacken, mit den Kräutern unter den Teig kneten und an einem warmen Ort gehen lassen, bis er sich sichtbar vergrößert hat.
Den Teig in 12 Portionen teilen, mit bemehlten Händen 12 runde, dünne Pizzaböden formen, auf zwei gefettete Backbleche legen und nochmals an einem warmen Ort gehen lassen. Für den Belag Möhren putzen, schälen, waschen und in Scheiben schneiden. Öl erhitzen, Möhren darin andünsten, mit wenig Salz würzen und in etwa 6 Minuten halbgar dünsten.
Die Tomaten waschen, die Stengelansätze entfernen, die Tomaten in Scheiben schneiden. Die Zucchini waschen, Enden abschneiden. Die Zucchini in Scheiben schneiden.
Den Käse abtropfen lassen und würfeln. Je 4 Pizzen mit Zucchini, 4 mit Möhren und 4 mit Tomaten dicht belegen,

THUNFISCHSALAT

mit Mozzarellawürfeln, Salz und Pfeffer bestreuen.
Backblech in den Backofen schieben. Das andere kalt stellen. Das zweite Blech anschließend backen.
Ober-/Unterhitze: 180–200 °C (vorgeheizt)
Heißluft: 160–180 °C (nicht vorgeheizt)
Gas: Stufe 3–4 (vorgeheizt)
Backzeit: etwa 15 Minuten.
Die Pizzen mit Basilikum bestreuen und heiß servieren.
Beilage: Bunter Blattsalat (Rezept siehe Seite 83).

(4 Portionen – Foto S. 131)

4 hartgekochte Eier (Gew.-Kl. 4)
1 violette Zwiebel (50 g)
1 Aubergine (350 g)
3 EL (36 ml) Olivenöl
200 g Thunfisch naturell (Dose)
3 EL Zitronensaft
Salz, Pfeffer
gerebeltes Basilikum oder 6 Basilikumblättchen (in Streifen geschnitten)
Salatblätter

Pro Portion: E: 20 g, F: 30 g, Kh: 4 g, kJ: 1505, kcal: 359

Die hartgekochten Eier pellen und grob hacken oder achteln.
Die Zwiebel abziehen, in Scheiben schneiden, in Ringe teilen.
Die gewaschene Aubergine der Länge nach vierteln und in dünne Scheiben schneiden.
Das Olivenöl erhitzen und die Auberginenscheiben unter ständigem Wenden goldbraun darin braten lassen. Alle Zutaten miteinander vermengen.
Den Thunfisch abtropfen lassen, etwas zerpflücken und mit dem Zitronensaft unterheben.
Den Salat mit Salz, Pfeffer und gerebeltem Basilikum abschmecken, auf Salatblättern anrichten.
Beilage: 1 Vollkornbrötchen (55 g = kJ: 525, kcal 125).

KARTOFFELSALAT

(4 Portionen – Foto S. 132)

750 g kleine festkochende Kartoffeln
1 Zwiebel (40 g)
125 ml (1/8 l) Fleischbrühe
4 EL Essig
10 g (2 TL) Zucker
Pfeffer, Salz
1 Bund Radieschen (250 g)
150 g Maiskörner (Dose)
15 g (1–2 EL) geriebener Meerrettich
15 g (1 EL) Mayonnaise (50 % Fett)
150 g saure Sahne (10 % Fett)
2–3 EL Zitronensaft
1 Bund Dill
2 Zweige Zitronenmelisse

Pro Portion: E: 10 g, F: 7 g, Kh: 60 g, kJ: 1513, kcal: 361

Die Kartoffeln mit der Schale etwa 20 Minuten kochen, pellen und in Scheiben schneiden. Die Zwiebel abziehen, würfeln und mit Brühe, Essig, 1 Teelöffel Zucker und Pfeffer aufkochen. Den Sud mit Salz abschmecken und über die noch warmen Kartoffelscheiben gießen. Vorsichtig vermengen und so lange ziehen lassen, bis die Marinade von den Kartoffeln vollkommen aufgenommen worden ist.
Ab und zu vorsichtig umrühren. Die Radieschen putzen, waschen und in Scheiben schneiden.
Die Maiskörner abtropfen lassen und mit den Radieschenscheiben zu den Kartoffeln geben. Meerrettich, Mayonnaise, Sahne, Zitronensaft und 1 Teelöffel Zucker verrühren und unter den Salat rühren. Dill und Zitronenmelisse abspülen, trockentupfen, hacken und kurz vor dem Servieren unter den Salat mengen.

WURST-SALAT

(1 Portion – Foto S. 133)

1 Geflügel-Würstchen (75 g)
1 großes Bund Radieschen mit Grün (300 g)
1 Zwiebel (40 g)
1 TL (4 ml) Sonnenblumenöl
1/2–1 EL Kräuteressig
1 TL gemischte, gehackte Kräuter
Salz, Pfeffer
2 Scheiben Vollkornbrot (je 30 g)

Pro Portion: E: 23 g, F: 19 g, Kh: 34 g, kJ: 1770, kcal: 423

Das Würstchen in dünne Scheiben schneiden. Die Radieschen putzen, waschen, die Hälfte in Scheiben schneiden. Die Zwiebel abziehen, würfeln, kurz mit kochendem Wasser überbrühen. Aus dem Öl, Essig, Kräutern und Gewürzen eine Marinade zubereiten und mit den Salatzutaten vermengen.
Den Salat auf den Broten anrichten oder das Brot dazu reichen, mit den restlichen Radieschen garnieren.

REIS-PFANNE

(4 Portionen)

200 g Naturreis
500 ml (1/2 l) Gemüsebrühe
je 1 rote, grüne und gelbe Paprikaschote (je 175 g)
3 Zwiebeln (120 g)
1 EL (12 ml) Sonnenblumenöl
100 g saure Sahne (10 % Fett)
100 g Sojabohnen-Keimlinge
Meersalz
1 TL Paprika, rosenscharf
10 g Butter oder Margarine
4 Eier (Gew.-Kl. 4)
Pfeffer

Pro Portion: E: 14 g, F: 16 g, Kh: 43 g, kJ: 1652, kcal: 394

Den Reis in die kochende Brühe geben, zum Kochen bringen, bei schwacher Hitze in etwa 30 Minuten ausquellen lassen.
Die Paprikaschoten halbieren, entstielen, entkernen. Die weißen Scheidewände entfernen. Die Schoten waschen, in Streifen schneiden.
Die Zwiebeln abziehen, halbieren, in Scheiben schneiden. In dem Öl glasig dünsten.
Paprikastreifen und saure Sahne hinzufügen, zugedeckt etwa 10 Minuten dünsten lassen.
Sojabohnen-Keimlinge waschen, verlesen und nach etwa 5 Minuten Dünstzeit zu dem Gemüse geben.
Zuletzt den gut abgetropften Reis unter das Gemüse heben. Kräftig mit Salz und Paprika abschmekken. Das Fett zerlassen, die Eier darin braten.
Mit Salz und Pfeffer bestreuen, dazu servieren.

Tages-Zusammenstellungen
für ca. 1200 kcal

	kJ	kcal
Frühstück:		
Obst-Joghurt (S. 23)	*689*	*165*
Käsebrötchen (S. 22)	*689*	*165*
Mittagessen:		
Putenpilaw (S. 44)	*1531*	*365*
Gurkensalat (S. 84)	*192*	*45*
Abendessen:		
Rohkost-Teller (S. 117)	*1678*	*401*
Insgesamt:	**4779**	**1141**

ODER

	kJ	kcal
Frühstück:		
Pikantes Käse-Frischkorn-Müsli (S. 26)	*1582*	*378*
Mittagessen:		
Hähnchen-Geschnetzeltes (S. 64)	*934*	*223*
150 g gekochter Natur-Reis (50 g Nettogewicht)	*622*	*162*
Apfel-Trauben-Gelee (S. 100)	*451*	*108*
Abendessen:		
Gemüsetopf mit Quarkhaube (S. 121)	*822*	*197*
Vollkornbrötchen (55 g)	*525*	*125*
5 g Butter	*164*	*38*
Insgesamt:	**5100**	**1231**

ODER

	kJ	kcal
Frühstück:		
Spargelomelett (S. 24)	*663*	*158*
Quarkbrot (S. 23)	*948*	*226*
Mittagessen:		
Schellfisch in Dillsauce (S. 49)	*1142*	*273*
200 g Pellkartoffeln	*712*	*170*
Tomatensalat (S. 86)	*335*	*80*
Abendessen:		
Rotkohlsalat mit Hähnchenbrust (S. 129)	*641*	*153*
Vollkornbrötchen (55 g)	*525*	*125*
5 g Butter	*164*	*38*
Insgesamt:	**5130**	**1223**

Tages-Zusammenstellungen
für ca. 1500 kcal

	kJ	kcal
Frühstück:		
Selleriesalat mit Lachsbrot (S. 27)	*717*	*172*
Buntes Brot (S. 30)	*1140*	*273*
Mittagessen:		
Fleischspieß mit Kräuterreis (S. 55)	*1335*	*319*
Beeren mit Haube (S. 99)	*781*	*187*
Abendessen:		
Nizza-Salat (S. 122)	*1620*	*387*
1 Scheibe Vollkornbrot (45 g)	*383*	*91*
5 g Butter	*164*	*38*
Insgesamt:	**6140**	**1467**

ODER

	kJ	kcal
Frühstück:		
Toast mit Ei (S. 23)	*910*	*217*
Hüttenkäse mit Gurke und Tomate (S. 25)	*682*	*163*
1 Vollkorntoast (30 g)	*363*	*87*
Mittagessen:		
Spaghetti all Tonno (S. 70)	*1940*	*463*
Gurkensalat (S. 84)	*192*	*45*
150 g Erdbeeren	*204*	*48*
Abendessen:		
Mini-Pizzen (S. 130)	*1570*	*375*
Staudenselleriesalat mit Äpfeln (S. 77)	*441*	*106*
Insgesamt:	**6302**	**1504**

ODER

	kJ	kcal
Frühstück:		
Bananen-Schaum-Müsli (S. 24)	*1858*	*445*
Mittagessen:		
Kabeljau auf Gemüse (S. 50)	*1322*	*316*
Zitronencouscous mit Kresse (S. 89)	*803*	*192*
Abendessen:		
Pochierte Eier, garniert (S. 110)	*1736*	*415*
1 Mehrkornbrötchen	*666*	*145*
5 g Butter	*164*	*38*
Insgesamt:	**6549**	**1551**

Tages-Zusammenstellungen
für ca. 1800 kcal

	kJ	kcal
Frühstück:		
Käsetoast (S. 22)	910	217
Möhren-Drink (S. 28)	317	76
Birnenquark mit Nußflocken (S. 28)	912	217
Mittagessen:		
Gegrillte Doraden (S. 50)	1458	349
Kartoffelpüree, flämisch (S. 90)	960	229
Tomatensalat (S. 86)	335	80
150 g Weintrauben	475	114
Abendessen:		
Makkaroni mit Paprika-Feigen-Sauce (S. 71)	2177	519
Insgesamt:	**7544**	**1801**

ODER

	kJ	kcal
Frühstück:		
Rührei mit Flocken (S. 20)	1220	292
Früchtemüsli (S. 22)	869	207
Gurkencocktail (S. 30)	87	20
Mittagessen:		
Truthahn mit Gemüse (S. 58)	1294	311
Italienische Kartoffelklößchen (S. 94)	978	238
Zitronencreme (S. 100)	872	209
Abendessen:		
Mini-Pizzen (S. 130)	1570	375
Kohlsalat (S. 126)	673	161
Insgesamt:	**7563**	**1813**

ODER

	kJ	kcal
Frühstück:		
Italienische Tomaten (S. 20)	482	115
1 Vollkorntoast (30 g)	363	87
Brot ‚Morgenröte' (S. 31)	1404	335
Mittagessen:		
Spagheti Bertani (S. 72)	2120	506
Blattspinat mit Pilzen (S. 79)	578	137
1 Apfel (150 g)	303	72
Abendessen:		
Thunfischsalat (S. 131)	1505	359
2 Scheiben Vollkornbrot (90 g)	766	182
Insgesamt:	**7521**	**1793**

Tages-Zusammenstellungen
für ca. 2200 kcal

	kJ	kcal
Frühstück:		
Quarkbrot (S. 23)	948	226
Buntes Brot (S. 30)	1140	273
Mittagessen:		
Kartoffelsuppe mit Hühnerfleisch (S. 44)	3242	773
Möhren-Apfel-Dickmilch (S. 102)	604	145
Abendessen:		
Porree, griechisch (S. 86)	856	204
Reispfanne (S. 133)	1652	394
Beeren mit Haube (S. 99)	781	187
Insgesamt:	**9223**	**2202**

ODER

	kJ	kcal
Frühstück:		
Bananenschaum-Müsli (S. 24)	1858	445
Quarkbrot mit Radieschen (S. 31)	1060	253
Mittagessen:		
Zucchini-Suppe (S. 36)	318	76
Entenbrust auf chinesische Art (S. 59)	2135	510
150 g Naturreis, gegart (50 g Nettogewicht)	622	162
Erdbeeren „Kardinal" (S. 98)	527	127
Abendessen:		
Pochierte Eier, garniert (S. 110)	1312	313
Grüner Kartoffelsalat (S. 113)	1094	260
Insgesamt:	**8926**	**2146**

ODER

	kJ	kcal
Frühstück:		
Fitness-Lunch (S. 26)	2159	517
Käsetoast (S. 22)	910	217
Mittagessen:		
Nudeln mit Hackfleischsauce (S. 68)	3132	745
Gurkensalat (S. 84)	192	45
1 Apfel (150 g)	303	72
Abendbrot:		
Fisch mit Kartoffelsalat (S. 127)	1951	466
Italienische Tomaten (S. 20)	482	115
Insgesamt:	**9129**	**2177**

NÄHRWERTTABELLE

LEBENSMITTEL 100 g verzehrfertiger Anteil enthalten:	**kcal**	**kJoule**	**Eiweiß** in g	**Fett** in g	**Kohlen-hydrate** in g	**Ballast-stoffe** in g
RINDFLEISCH						
Filet	121	506	21.2	4.0	0.0	0.0
Hackfleisch, frisch	238	997	21.0	15.0	0.0	0.0
Keule, mager, netto	154	643	22.0	5.6	0.0	0.0
Roastbeef	130	543	22.5	4.5	0.0	0.0
SCHWEINEFLEISCH						
Filet, mager, netto	156	652	20.2	6.7	0.0	0.0
Hackfleisch (Schwein/Rind), frisch	314	1316	19.0	24.0	0.0	0.0
Kassler/Kassler Rippenspeer, roh, geräuchert	283	1185	22.5	18.9	1.2	0.0
Keule (Schinken), mager, netto	156	652	20.2	6.7	0.0	0.0
Kotelett, mager, netto	156	652	20.2	6.7	0.0	0.0
KALBFLEISCH						
Brust (Spannrippe), mittelfett, netto	164	687	19.9	7.7	0.0	0.0
Keule, mager, netto	135	566	20.6	4.4	0.0	0.0
Schnitzel, mager, netto	135	566	20.6	4.4	0.0	0.0
LAMMFLEISCH						
Keule, mittelfett, netto	213	892	18.8	13.4	0.0	0.0
Kotelett	370	1548	14.4	30.4	0.0	0.0
GEFLÜGEL						
Ente Fleisch, netto	246	1030	18.1	17.2	0.0	0.0
Gans Fleisch mit Haut, netto	392	1641	15.9	33.6	0.0	0.0
Hähnchen-Keule	116	485	20.0	2.9	0.0	0.0
Hühnerbrust	168	702	11.2	11.0	3.4	0.3
Poularde Fleisch mit Haut, netto	261	1094	19.0	18.4	0.0	0.0
Pute Brust, netto	119	498	24.1	1.0	0.0	0.0
Suppenhuhn Fleisch, netto	157	659	21.4	6.3	0.0	0.0
WILD						
Kaninchen	166	696	20.0	7.2	0.8	0.0
Rehrücken	141	589	13.8	7.8	1.4	0.0
Wildschweinkeule	179	750	5.0	2.1	31.4	1.4
FISCH						
Forelle, netto	116	485	19.5	2.8	0.0	0.0
Kabeljaufilet	78	328	17.0	0.3	0.0	0.0
Kabeljau, frisch	117	490	17.3	0.7	0.0	0.0
Krabben, frisch, netto	105	441	18.5	1.5	1.5	0.0
Lachs/Salm, geräuchert	315	1317	28.5	19.4	0.0	0.0
Rotbarschfilet, frisch	114	477	18.2	3.6	0.0	0.0
Scholle/Goldbutt, netto	94	392	17.3	1.5	0.0	0.0
Seelachsfilet	88	368	18.3	0.8	0.0	0.0
WURSTWAREN						
Bierschinken/Schinkenpastete	198	828	21.7	10.5	0.3	0.1
Fleischwurst/Stadtwurst	311	1301	15.8	25.6	0.3	0.1
Geflügelmortadella	265	1109	20.4	18.3	0.5	0.1
Mettwurst luftgetrocknet	353	1479	42.3	17.1	0.4	0.1
Rostbratwurst	260	1087	29.6	13.3	0.3	0.1
Schinken, gekocht	215	901	21.0	13.0	0.0	0.0
Schinken, roh, geräuchert	394	1650	16.7	33.3	0.0	0.0
Salami, fein	456	1909	29.0	34.6	0.3	0.1
Wiener	313	1311	14.1	26.7	0.18	0.1
ÖLE & FETTE						
Butterschmalz	916	3836	0.3	99.0	0.0	0.0

NÄHRWERTTABELLE

LEBENSMITTEL 100 g verzehrfertiger Anteil enthalten:	**kcal**	**kJoule**	**Eiweiß** in g	**Fett** in g	**Kohlen-hydrate** in g	**Ballast-stoffe** in g
ÖLE & FETTE						
Margarine, pflanzlich Linolsäure 30–50 %	763	3194	0.4	81.7	0.5	0.0
Markenbutter	764	3197	0.7	82.0	0.6	0.0
Olivenöl	926	3878	0.0	99.6	0.2	0.0
Sonnenblumenöl	927	3882	0.0	99.8	0.0	0.0
Salatmayonnaise 50 % Fett	336	1407	1.0	30.7	11.0	0.0
Walnußöl	925	3871	0.0	99.5	0.0	0.0
EIER						
Hühnerei ganz, frisch, 55 g	92	387	7.2	6.2	0.4	0.0
MILCHPRODUKTE						
Buttermilch	36	152	3.5	0.5	4.0	0.0
Brie Rahmstufe 50 % Fett i.Tr.	355	1486	21.4	27.0	2.2	0.0
Camembert Dreiviertelfettstufe 30 % Fett i.Tr.	232	971	23.0	13.0	2.0	0.0
Creme fraîche	301	1260	2.7	30.1	4.0	0.0
Dickmilch/Sauermilch vollfett 3,5 % Fett	69	287	3.4	3.5	4.8	0.0
Edelpilzkäse Rahmstufe 50 % Fett i.Tr.	379	1585	21.0	30.0	1.4	0.0
Emmentaler Vollfettstufe 45 % Fett i.Tr.	416	1741	28.0	30.0	3.0	0.0
Frischkäsezubereitung Fettstufe 40 % Fett i.Tr.	160	668	10.4	11.0	2.5	0.0
Gouda Vollfettstufe 45 % Fett i.Tr.	383	1602	23.2	29.0	2.0	0.0
Hüttenkäse Halbfettstufe 20 % Fett i.Tr.	116	484	14.0	4.3	3.0	0.0
Hüttenkäse Viertelfettstufe 10 % Fett i.Tr.	104	434	14.0	3.0	3.0	0.0
Kefir fettarm 1,5 % Fett	51	212	3.4	1.5	4.1	0.0
Magermilchjoghurt 1,5 % Fett	51	212	3.4	1.5	5.0	0.0
Parmesan Fettstufe 40 % Fett i.Tr.	412	1727	35.5	26.0	3.0	0.0
Quark Magerstufe < 10 % Fett i.Tr.	76	319	13.0	0.2	3.5	0.0
Sauermilchkäse/Harzer Magerstufe < 10 % Fett i.Tr.	146	611	30.0	0.7	0.6	0.0
Saure Sahne 10 % Fett	121	505	3.0	10.0	3.3	0.0
Schlagsahne 30 % Fett	31	1296	2.3	31.0	3.2	0.0
Tilsiter Dreiviertelfettstufe 30 % Fett i.Tr.	302	1263	29.0	17.0	3.0	0.0
Trinkmilch vollfett 3,5 % Fett	66	278	3.3	3.5	4.8	0.0
Trinkmilch fettarm 1,5 % Fett	49	206	3.4	1.6	4.7	0.0
GEMÜSE						
Aubergine, netto	22	91	1.2	0.2	3.5	1.4
Avocado, netto	212	887	2.0	20.0	4.0	2.0
Blumenkohl, netto	21	89	2.4	0.3	2.0	2.6
Bohnen grün, netto	30	124	2.4	0.2	3.9	3.2
Broccoli, netto	26	109	3.3	0.2	2.5	3.5
Champignon, netto	22	91	2.8	0.3	1.5	2.5
Chicorée, netto	13	55	1.2	0.2	1.5	1.5
Chinakohl, netto	11	46	1.2	0.3	0.8	1.7
Endivien (Escariol), netto	16	67	1.8	0.2	1.6	2.2
Erbsen grün, netto	87	364	6.5	0.5	12.5	4.3
Feldsalat/Rapunzel/Nüßchen, netto	15	64	1.8	0.4	1.0	1.5
Fenchel, netto	27	113	2.5	0.3	3.4	3.0
Gartenkürbis, netto	21	90	1.1	0.2	3.7	0.6
Grünkohl/Braunkohl brutto	16	69	2.4	0.4	0.7	2.3
Gurke, netto	10	43	0.6	0.2	1.3	0.7
Knollensellerie	38	160	1.5	0.5	7.5	4.2
Kohlrabi, netto	26	109	2.0	0.1	4.1	1.4
Kopfsalat, netto	13	56	1.2	0.2	1.5	1.5
Mais/Zuckermais/Gemüsemais	104	437	3.5	1.2	19.0	3.7
Meerrettich, netto	63	262	3.2	0.3	11.0	8.3
Mohrrübe/Möhre/Karotte/Wurzel/gelbe Rübe, netto	28	117	1.0	0.2	5.2	3.4
Paprikaschoten, netto	21	88	1.2	0.3	3.1	2.0
Porrée/Lauch, netto	26	110	2.2	0.3	3.5	3.5
Radieschen, netto	17	71	1.0	0.1	2.8	1.3

NÄHRWERTTABELLE

LEBENSMITTEL 100 g verzehrfertiger Anteil enthalten:	**kcal**	**kJoule**	**Eiweiß** in g	**Fett** in g	**Kohlen-hydrate** in g	**Ballast-stoffe** in g
GEMÜSE						
Rhabarber, netto	15	61	0.6	0.1	1.8	2.8
Rosenkohl, netto	38	159	4.5	0.4	3.8	4.4
Rotkohl/Blaukraut, netto	23	98	1.7	0.2	3.5	2.5
Sauerkraut, abgetropft	20	85	1.5	0.3	1.8	2.2
Spargel, netto	19	78	2.2	0.2	2.0	1.5
Spinat, netto	18	74	3.0	0.3	0.6	1.8
Stangensellerie, netto	12	49	1.2	0.2	4.7	3.6
Tomaten, netto	19	78	1.0	0.2	2.8	1,9
Tomatenmark	46	192	2.3	0.4	8.0	1.0
Weißkohl/Weißkraut, netto	24	101	1.5	0.2	3.8	2.5
Zucchini, netto	19	78	1.6	0.3	2.2	1.0
Zwiebeln, netto	32	133	1.3	0.2	6.0	3.0
OBST						
Ananas, netto	56	235	0.5	0.2	12.0	1.2
Apfel, netto	48	202	0.2	0.4	10.0	2.5
Aprikose/Marille, netto	49	207	0.9	0.1	9.9	2.1
Banane, netto	88	367	1.1	0.2	19.0	3.4
Birne, netto	54	228	0.5	0.3	11.6	2.5
Brombeere, netto	54	226	1.2	1.0	8.5	3.2
Erdbeere, netto	32	136	0.8	0.4	5.5	2.2
Grapefruit, netto	41	172	0.6	0.1	8.2	0.6
Himbeere, netto	35	148	1.2	0.3	5.6	7.0
Honigmelone/Zuckermelone, netto	31	129	0.8	0.1	6.3	0.9
Johannisbeere rot, netto	45	189	1.1	0.2	7.9	3.5
Kiwi, netto	57	240	1.0	0.6	10.0	2.5
Mango, netto	71	297	0.6	0.3	15.3	1.5
Pfirsich, netto	43	178	0.7	0.1	8.9	1.4
Pflaumen, netto	57	239	0.6	0.2	11.9	1.7
Preiselbeere/Kronsbeere, netto	28	116	0.3	0.5	4.4	4.2
Stachelbeere, netto	50	211	0.8	0.2	10.0	3.5
Sauerkirsche, netto	57	237	0.9	0.4	10.7	1.0
Wassermelone, netto	25	105	0.5	0.2	5.0	1.2
Weintraube, weiß, netto	76	317	0.7	0.3	16.1	1.7
OBSTSÄFTE & nichtalk. GETRÄNKE						
Apfel, Fruchtsaft	37	153	0.1	0.2	8.2	1.5
Apfelsine/Orange, Fruchtsaft	37	153	0.6	0.1	7.9	1.1
Colagetränke (coffeinhaltig)	92	388	0.0	0.0	22.0	0.0
Grapefruit, Fruchtsaft	38	161	0.4	0.1	8.4	0.4
Johannisbeere, rot, Fruchtsaft	33	137	0.6	0.1	6.6	1.8
Tomaten, Gemüsesaft	22	92	1.2	0.2	3.4	2.3
Weintraube, weiß, Fruchtsaft/Traubensaft	30	127	0.3	0.1	6.7	0.7
TROCKENOBST						
Apfel, geschält, getrocknet	297	1245	1.1	1.6	64.0	8.8
Aprikose/Marille, getrocknet	268	1122	4.9	0.5	53.7	11.4
Dattel, getrocknet	294	1232	2.0	0.5	66.2	8.2
Feige, getrocknet	289	1208	5.7	1.7	58.7	10.9
Pflaumen, getrocknet	286	1197	3.0	0.9	59.5	8.5
Rosinen	286	1197	2.0	0.4	65.0	6.5
HÜLSENFRÜCHTE						
Kichererbsen, getrocknet	381	1594	18.0	7.2	55.2	12.0
Weiße Bohnen, getrocknet	291	1233	21.7	1.5	53.3	9.0
Linsen Trockenprodukt	327	1371	23.5	1.3	50.0	10.6
Erbsen Trockenprodukt	349	1460	23.0	1.5	55.0	16.0

NÄHRWERTTABELLE

LEBENSMITTEL 100 g verzehrfertiger Anteil enthalten:	**kcal**	**kJoule**	**Eiweiß** in g	**Fett** in g	**Kohlen-hydrate** in g	**Ballast-stoffe** in g
GETREIDEERZEUGNISSE						
Cornflakes	369	1545	8.0	0.6	77.8	4.0
Haferflocken	384	1607	13.5	7.0	61.2	6.7
Maisgrieß (Polenta)	359	1500	10.0	0.0	80.0	3.0
Müsli mit Trockenobst und Nüssen	398	1667	12.3	11.7	55.2	6.6
Reis Langkorn Tilda, parboiled	335	1407	7.1	0.0	80.3	1.4
Reis, ungeschält	355	1488	7.5	2.0	72.0	4.0
Vollkornnudeln	342	1432	12.6	3.7	59.9	8.8
Weizengrieß	358	1499	10.3	0.9	72.0	3.0
Weizen-Feinmehl Type 550	359	1501	10.6	1.1	71.3	2.4
Weizen-Vollkornmehl	333	1396	12.0	2.4	61.0	9.0
BROT und BRÖTCHEN						
Brötchen/Semmel/Schrippe/Wecke, 100 g	265	1110	7.9	0.8	52.8	1.9
Brötchen/Semmel/Schrippe/Wecke, 40 g	106	444	3.2	0.3	21.1	0.8
Brötchen-Mehrkornbrötchen, 55 g	145	607	4.0	1.1	27.8	3.2
Knäckebrot, 100 g	319	1335	11.4	2.1	58.9	16.9
Knäckebrot, 10 g	31.9	133	1.4	0.2	5.9	1.7
Roggenbrot, 100 g	216	905	5.7	0.8	42.9	8.4
Roggenbrot, 40 g	86	362	2.3	0.3	17.2	3.4
Vollkornbrötchen, 55 g	125	525	4.6	0.9	22.9	2.1
Vollkornbrot-Roggenbrot, 100 g	203	849	7.2	1.3	37.5	10.7
Vollkornbrot-Roggenbrot, 45 g	91	382	3.3	0.6	16.9	4.8
Vollkornbrot-Weizenschrot-Toastbrot, 100 g	289	1211	8.2	3.5	52.1	1.9
Vollkornbrot-Weizenschrot-Toastbrot, 30 g	86	363	2.5	1.1	15.6	0.6
BEILAGEN						
Kartoffeln, netto	85	355	2.0	0.0	19.0	2.5
Kartoffelklöße halb und halb (Trockenprodukt)	104	437	2.6	1.1	19.3	2.4
Kartoffelkroketten	146	612	3.5	5.8	17.9	1.9
Kartoffelpuffer	207	868	2.8	13.8	15.7	1.9
Nudeln aus Hartgrieß	366	1534	13.3	2.7	67.0	3.4
Pellkartoffeln	85	356	2.1	0.1	17.4	2.4
SÜSSWAREN & KNABBEREIEN						
Eiscreme	166	695	2.7	2.7	30.6	0.0
Erdbeeremarmelade	261	1094	1.2	0.6	61.2	3.4
Erdnuß, geröstet	619	2591	26.4	49.0	11.0	10.0
Gummibonbons	330	1381	1.0	0.1	77.0	0.0
Haselnuß, netto	680	2849	14.0	62.0	10.0	6.1
Honig	305	1275	0.0	0.0	80.0	0.0
Mandeln, netto	652	2730	20.0	53.3	6.6	10.0
Marzipan	481	2014	6.2	17.6	69.9	3.1
Milchschokolade	529	2213	7.9	29.9	53.8	3.7
Nougat	494	2067	5.5	20.6	66.9	3.2
Pistazien, netto	625	2615	20.0	52.0	12.5	6.0
Pralinen	418	1748	1.0	5.3	86.7	1.1
Sahnekaramellen	368	1539	0.4	3.7	78.9	0.0
Salzstangen	364	1525	9.7	0.5	75.0	1.2
Walnüsse, netto	705	2950	14.4	62.5	14.2	4.6
Zucker, weiß	390	1634	0.0	0.0	99.0	0.0
ALKOHOLISCHE GETRÄNKE						
Bier Pils Hell	42	175	0.2	0.0	3.0	0.0
Rotwein, leicht	60	251	0.2	0.0	0.3	0.0
Sherry, trocken, 50 ml	59	248	0.1	0.0	0.7	0.0
Sherry, cream, 50 ml	71	296	0.2	0.0	3.5	0.0
Sekt	72	302	0.2	0.0	1.4	0.0
Weißwein, trocken	65	273	0.2	0.0	0.8	0.0

FRÜHSTÜCKSIDEEN, DIE FIT MACHEN . . . 19

RUND UMS HAUPTGERICHT . . . 33

KLEINE GERICHTE ZUM SATTESSEN

Herausgeber: Genehmigte Lizenzausgabe für Bechtermünz Verlag im Weltbild Verlag GmbH, Augsburg 1996

Projektleitung: Gisela Knutzen

Gestaltung: Kontur Design, Bielefeld

Kapitel- und Ratgebertexte, Redaktion: Annette Elges, Gisela Knutzen

Titelfoto: Thomas Diercks, Hamburg

Satz: adrupa, Paderborn

Reproduktion: Saletzki, Reprotechnik, Bielefeld

Herstellung: Mohndruck, Gütersloh

Die Autoren haben dieses Buch nach bestem Wissen und Gewissen erarbeitet. Alle Rezepte, Tips und Ratschläge sind mit Sorgfalt ausgewählt und geprüft. Eine Haftung des Verlages und seiner Beauftragten für alle erdenklichen Schäden an Personen, Sach- und Vermögensgegenständen ist ausgeschlossen.

Printed in Germany

ISBN 3-86047-287-9